Recrutando e Retendo os Melhores Funcionários

Dados Internacionais de Catalogação na Publicação (CIP)
(Câmara Brasileira do Livro, SP, Brasil)

Dubinsky, Alan J.
Recrutando e retendo os melhores funcionários /
Alan J. Dubinsky, Steven J. Skinner ;
[tradução Anna Maria Dalle Luche]. -- São Paulo :
Cengage Learning, 2010.

Título original: Recruiting & retaining top
employees.
ISBN 978-85-221-0893-0

1. Motivação no trabalho 2. Pessoal -
Recrutamento 3. Rotatividade de pessoal
4. Satisfação no trabalho I. Skinner, Steven J..
II. Título.

10-04144   CDD-658.3111

Índice para catálogo sistemático:
1. Funcionários : Recrutamento : Administração
de empresas 658.3111

Recrutando e Retendo os Melhores Funcionários

ALAN J. DUBINSKY

STEVEN J. SKINNER

Tradução:

ANNA MARIA DALLE LUCHE

Revisão Técnica:
PROF. DR. ANDRÉ OFENHEJM MASCARENHAS
Doutor em Organizações e Recursos Humanos pela EAESP/FGV
Professor Adjunto do Departamento de Administração do Centro Universitário da FEI

Assistente de Revisão Técnica:
ARTHUR TOLEDO COSTA
Graduando em Gestão de Recursos Humanos pela UNIP/SP

Austrália • Brasil • Japão • Coreia • México • Cingapura • Espanha • Reino Unido • Estados Unidos

Recrutando e retendo os melhores funcionários

Alan J. Dubinsky
Steven J. Skinner

Gerente Editorial: Patricia La Rosa

Editora de Desenvolvimento: Gisela Carnicelli

Supervisora de Produção Editorial: Fabiana Alencar Albuquerque

Título Original: Recruting and retaining top employees (ISBN: 0-324-20096-X)

Tradução: Anna Maria Dalle Luche

Revisão Técnica: André O. Mascarenhas

Assistente de Revisão Técnica: Arthur T. Costa

Copidesque: Mariana Gonzalez

Revisão: Bel Ribeiro e Maristela da Nóbrega

Diagramação: PC Editorial Ltda.

Capa: Marcela Perroni (Ventura Design)

© 2011 Cengage Learning. Todos os direitos reservados.

Todos os direitos reservados. Nenhuma parte deste livro poderá ser reproduzida, sejam quais forem os meios empregados, sem a permissão, por escrito, da Editora. Aos infratores aplicam-se as sanções previstas nos artigos 102, 104, 106 e 107 da Lei nº 9.610, de 19 de fevereiro de 1998.

Para informações sobre nossos produtos, entre em contato pelo telefone **0800 11 19 39**

Para permissão de uso de material desta obra, envie seu pedido para
direitosautorais@cengage.com

© 2011 Cengage Learning. Todos os direitos reservados.

ISBN-13: 978-85-221-0893-0
ISBN-10: 85-221-0893-5

Cengage Learning
Condomínio E-Business Park
Rua Werner Siemens, 111 – Prédio 20 – Espaço 04
Lapa de Baixo – CEP 05069-900 – São Paulo – SP
Tel.: (11) 3665-9900 – Fax: (11) 3665-9901
SAC: 0800 11 19 39

Para suas soluções de curso e aprendizado, visite
www.cengage.com.br

Impresso no Brasil.
Printed in Brazil.
1 2 3 4 5 6 7   16 15 14 13 12 11

Dedicatória

*Para Caron e Elliot Dubinsky, David Bailey, Irene Rossman
e em memória de Frederick Manzara.*

Para Moira, Aaron e Carrie Skinner.

Sumário

Prefácio ix

1. Além das especificações do cargo: não sei o que é, mas reconheço isso quando vejo! 1
2. Motivação interna: eles continuam sem parar! 7
3. Iniciativa: às vezes, você vai e faz! 13
4. Educação: herança do passado 19
5. Autossatisfação se escreve assim: O-R-G-U-L-H-O 23
6. Empatia: saiba como é estar no lugar do outro 27
7. Preocupação: quando a pessoa se preocupa o suficiente para fazer o melhor 31
8. Reciprocidade: uma mão lava a outra 35
9. Aquisição e retenção do consumidor: o som do dinheiro 39
10. Satisfação do cliente: bola de borracha que sempre quica de volta para mim! 43
11. Inversão de papéis e a cultura organizacional: uma imagem vale por mil palavras 49
12. Reconhecimento: "Muito bem"! 53
13. Promoção: abrindo as portas para o nirvana 59
14. Remuneração: "E aí, tem um trocado pra mim?" 63
15. Aproveite a vida: vá à luta! 67

Índice Remissivo 77

AVISO LEGAL

Todas as atividades de funcionários discutidas neste livro foram reproduzidas na íntegra, conforme relatos oferecidos. Os nomes dos indivíduos foram trocados e os nomes das empresas e organizações foram omitidos para proteger a privacidade daqueles que participaram de nosso estudo.

Prefácio

Você já se perguntou por que algumas pessoas fazem mais do que se espera delas? Já imaginou por que alguns funcionários aparentemente fazem muito mais do que lhes é solicitado, enquanto outros fazem o mínimo possível? Já pensou por que alguns indivíduos conseguem transformar uma situação ruim em algo incrivelmente bom? Já imaginou por que alguns funcionários, na ausência de qualquer supervisão direta, excedem as especificações de seus cargos e vão além, empenhando-se ao máximo? E também já se questionou por que outras pessoas não fazem nada além daquilo que lhes é solicitado, nada além do que consta na descrição do cargo? Bem, não se pergunte mais.

Por meio de uma série de entrevistas com aproximadamente duzentos funcionários de vários tipos de empresas e organizações – grandes e pequenas, comerciais e sem fins lucrativos – e em todos os cargos – dos executivos aos mais simples – identificamos 13 fatores motivadores que levam os indivíduos a se excederem em suas funções, a fazer mais do que deles é esperado, esforçando-se mais do que o necessário. O que é especialmente interessante é que, embora alguns indivíduos sejam motivados pela fama e pelo dinheiro, outros vão além mesmo sabendo que seus superiores talvez nem fiquem sabendo que fizeram aquilo tudo. Independente dos motivos para fazer mais do que precisam, descobrimos que esses funcionários superesforçados optam por realizar essas atividades por sua livre e espontânea vontade, sem que ninguém os mande fazê-las.

E o que impulsiona esses superfuncionários? O que os leva a ir além do dever? Nos capítulos seguintes você descobrirá que alguns deles são simplesmente motivados internamente, ou seja, veem-se diante de situações que requerem atenção especial. Em vez de perguntarem aos supervisores ou colegas, eles aproveitam o momento. Outros reagem às circunstâncias e fazem mais do que precisam por conta do próprio ambiente de trabalho. Alguns funcionários estão comprometidos com o serviço ao cliente de tal forma que isto os leva a se excederem. E finalmente, outros, ainda, atiram-se diante de uma situação difícil simplesmente para ganhar vantagem financeira ou ser promovidos.

O que é especialmente intrigante sobre as nossas conclusões é que aqueles que vão além do dever não são apenas os que estão no topo das organizações, nem são os luminares sobre os quais lemos nos jornais diários. Essas pessoas não precisam ser nenhum Bill Gates,[1] ou um Jack Welch,[2] ou uma Carly Fiorina.[3] Esses são indivíduos comuns, um colega do carona solidária, ou seu vizinho, seu colega de sala, ou mesmo *você*!

Este livro foi escrito para pessoas em todos os níveis funcionais, gerentes ou funcionários. Aos gerentes, traz ideias de como incentivar seus subordinados a ir além do dever. Aos funcionários, pode servir de inspiração a partir dos casos que contaremos e talvez descobrir seu próprio desejo de se exceder, de transcender o próprio cargo. Em uma época de concorrência acirrada, exceder os limites, ou fazer um esforço maior, é uma excelente oportunidade para auxiliar a empresa a ocupar um lugar de destaque no mercado – e, mais, pode não custar nada.

O ponto central do livro gira em torno dos 13 fatores motivadores que fazem com que os funcionários se excedam e façam além da conta. No Capítulo 1 apresentamos o estudo que nos levou a identificar os 13 fatores motivadores. Em seguida, esses fatores são detalhados em capítulos separados. Cada capítulo começa com uma ilustração do estudo que descreve claramente o funcionário fazendo mais do que o necessário. Em cada situação, você perceberá que o indivíduo optou por agir voluntariamente. Depois das marcações ilustrativas está o nosso diagnóstico do que levou esses funcionários a se comprometerem com essa ação meritória. Ao final de cada capítulo apresentamos a prescrição de como gerentes e supervisores, os gestores de modo geral, podem reconhecer esses fatores e estimular um desempenho excepcional em seus funcionários.

Então, não vamos mais perder tempo, afinal, tempo é dinheiro. Vamos começar nossa jornada e ver como os funcionários podem realizar mais do que lhes é solicitado.

---

[1] William Henry Gates III, mais conhecido como Bill Gates, é um magnata, filantropo e autor que, em parceria com o sócio Paul Allen, fundou a Microsoft, a maior e mais conhecida empresa de software do mundo. (NT)
[2] Executivo da eletrônica que se transformou num dos mais respeitados e mais influentes líderes de negócios do país por transformar um gigante industrial em uma organização empresarial flexível. (NT)
[3] Carly Fiorina, empresária americana que, durante seis anos foi considerada a mulher mais poderosa do mundo dos negócios, foi CEO (1999-2005) e líder do Conselho (2000-2005) da Hewlett-Packard (HP), empresa líder de tecnologia. (NT)

capítulo 1

Além das especificações do cargo: não sei o que é, mas reconheço isso quando vejo!

◇◇◇

"Simplesmente coloque o trabalho diante dos homens e deixe-os fazê-lo"
– **Henry Ford**

Algum tempo atrás, um dos autores estava falando para um grupo de gerentes de nível médio em uma conferência. O assunto era desenvolver uma cultura de desempenho na organização – segundo o qual os trabalhadores se esforçassem ao máximo em seus cargos. A palestra começou com uma história a respeito de um passageiro que embarcou em Seattle em um voo para sua casa em Lexington, no Kentucky. No trajeto Seattle-Portland, ele comeu amendoim; no trecho Portland-Dallas, mais amendoim. Por conta do fuso diferente, serviram mais amendoim nos aviões em Dallas com destino a Atlanta.

Enquanto ia de Dallas para Atlanta, o viajante faminto teve vontade de comer pipoca e resolveu que a compraria em Atlanta, antes do trecho final de sua viagem. O avião atrasou ao chegar a Atlanta e ele correu para o portão a fim de tentar encontrar a guloseima, mas já estavam chamando os passageiros para embarcar para Lexington. Ele fez o *check-in* e rapidamente dirigiu-se à praça de alimentação, mas, infelizmente, a máquina de pipoca estava desativada.

Decepcionado e com fome, nosso passageiro entrou no avião e foi para sua poltrona. A comissária de bordo gentilmente perguntou-lhe como estava o seu dia e ele disse que não estava mal, mas estava com fome. Ela respondeu que poderia lhe trazer uma porção de amendoim, ao que ele retrucou dizendo que preferiria pipoca, pois estava com vontade desde o trecho entre Dallas e Atlanta. Pouco antes de o avião fechar a porta, um funcionário do aeroporto entrou correndo no avião com um pacote de pipoca de micro-ondas recém-estourada para ser entregue ao passageiro faminto. Aparentemente, a comissária de bordo havia ligado e pedido uma pipoca antes de o avião decolar.

Analisando o incidente, o palestrante apontou para o fato de que a comissária de bordo optou por exceder as especificações de seu cargo ao providenciar a pipoca para o passageiro. Pediu ao público presente para refletir a respeito do fato e descrever o que havia acontecido, ou seja, o que havia feito a aeromoça assumir a responsabilidade de oferecer um pacote de pipoca ao passageiro? Exatamente o que era aquela iniciativa e como explicar a atitude? Nesse momento, alguém da plateia, visivelmente excitado, levantou-se dizendo: "Não sei o que *é*, mas reconheço isso quando vejo".

Todos nós, em algum momento, provavelmente já passamos por uma experiência parecida com a do viajante faminto. Todos nós, médicos, professores, contadores, recepcionistas, já passamos por experiências marcantes. Talvez isso tenha nos motivado a escrever uma carta para uma empresa dizendo que funcionário maravilhoso ela tem. De qualquer modo, foi a atuação de um funcionário que causou um impacto duradouro no cliente e colocou a empresa numa posição privilegiada. Foi exatamente o que o orador quis dizer quando falou a respeito de funcionários que se esforçam mais do que o necessário no desempenho de suas funções.

Mas as perguntas continuam: Por que os funcionários fazem isso? Como explicar o esforço extra da comissária de bordo? Terá sido por dinheiro ou promoção? Muitos de nós talvez sejamos como aquele gerente que não conseguia explicar o comportamento, mas sabia reconhecê-lo. Vamos olhar atentamente para o episódio que iniciou este capítulo:

- a comissária de bordo tomou a decisão de ir além das suas funções e pedir a pipoca para o passageiro com fome.
- não havia nenhum superior presente para instruir a funcionária a pedir a pipoca. Ela tomou a decisão por conta própria.
- a menos que o passageiro escreva para a companhia aérea, a gerência nunca vai saber do esforço extra que a comissária de bordo fez naquele episódio.
- mesmo que a gerência fique sabendo do incidente, talvez a funcionária jamais seja diretamente recompensada por isso.

Várias metáforas já foram utilizadas para descrever as mudanças que ocorreram nas empresas modernas: reengenharia, mudança de paradigma e enquadramento, por exemplo. As empresas emergentes são descritas como enxutas, flexíveis, ágeis, e, talvez, acima de tudo, altamente competitivas. Essas organizações também se caracterizam por um novo tipo de funcionário, conhecido como aquele com altos conhecimentos e iniciativa. O desafio maior dessas empresas hoje em dia – especialmente nesta era de alta competitividade – é inspirar esses funcionários com níveis elevados de iniciativa a se excederem *por vontade própria* quando as circunstâncias assim o pedirem.

A PESQUISA

Este não é um livro sobre gerentes. Na verdade, é sobre funcionários, escrito conjuntamente por gerentes e funcionários. É um livro sobre empregados que excederam as especificações de seus cargos no desempenho de suas funções. Sempre que tiveram a oportunidade de ir além, esses empregados disseram "sim". A comissária de bordo poderia "não" ter ido atrás da pipoca.

Então, por que as pessoas fazem isso? Por que alguns funcionários vão além do dever e outros não? Para responder a essas questões críticas entrevistamos cerca de duzentos funcionários em diversas organizações – grandes e pequenas. Entrevistamos enfermeiros em grandes hospitais, representantes de serviços em grandes companhias, cozinheiros em pizzarias e também professores, corretores de imóveis e vendedores de empresas no atacado. Trabalhadores de todos os níveis em dezenas de empresas diferentes foram questionados a respeito de situações nas quais foram além do dever. Os tipos de empresas nas quais nossos entrevistados estão empregados, bem como o tipo de cargo que eles têm, são apresentados nos Quadros 1-1 e 1-2.

Quadro 1-1 – Tipos de organizações dos entrevistados

Fisioterapia	Varejo móveis exteriores
Arquitetura e paisagismo	Exército dos Estados Unidos
Fabricante de equipamentos industriais	Serviços de remoção de lixo
Hospital	Serviço social
Oficina de reparos automotivos	Projetos
Força e luz	Vendas varejo com desconto
Ensino fundamental	Escola religiosa
Ensino de 2º grau	Imobiliária
Ferrovia	Distribuidor atacado
Vendas de telefones celulares	Produtos agrícolas
Loja de roupas (varejo)	Serviços de pesquisas de marketing
Farmácia (varejo)	Loja de brinquedos (varejo)
Aspiradores (varejo)	Agência de empregos
Livraria	Telemarketing
Serviços de embalagem e distribuição	Gerenciamento de propriedades
Videolocadora	Indústria química
Serviços financeiros	Agência de propaganda
Academia de ginástica	Bar
Restaurante	Treinamento de vendas
Condomínio de apartamentos	Jornal
Ótica	Fabricante de computadores
Materiais de escritório (varejo)	Corretagem
Corretora de seguros	Marketing direto
Mercearia (varejo)	Salão de bronzeamento artificial
Fabricante de automóveis	Serviços de internet
Fabricante de eletrodomésticos	Distribuidora de livros
Construção	Pista de corridas
Universidade	Cadeia de hotéis
Consultoria jurídica	Loja de descontos de utilidades domésticas
Fabricante de artigos escolares	Time de beisebol profissional
Companhia aérea	Campo de golfe

Quadro 1-2 – Tipos de cargos dos entrevistados

Terapeuta	Técnico em farmácia
Arquiteto de exteriores	Projetista
Representante de serviços ao consumidor	Auxiliar de escritório
Enfermeiro	Secretária executiva
Mecânico de automóveis	Diretor de escola
Mineiro (mina de carvão)	Representante do clero
Proprietário	Assistente de corretor de imóveis
Professor	Diretor
Engenheiro chefe	Gerente de loja
Técnico de freio ferroviário	Assistente administrativo
Gerente de vendas	Vice-presidente
Representante de vendas/marketing	Gerente de escritório
Vendedor varejo	Corretor de seguros
Farmacêutico	Coordenador de fábrica
Gerente assistente	Gerente de serviços
Trabalhador	Barman
Gerente distrital	Funcionário de restaurante (lista de espera)
Caixa de banco	Contador
Voluntário	Vice-diretor
Gerente geral	Gerente de caso
Caixa	Coordenador de desenvolvimento
Agente de *leasing*	Gerente de cuidados ao paciente
Gerente	Recrutador do Exército dos Estados Unidos
Agente de seguros	Assistente de pesquisa
Consultor de comunicações	Coordenador de marketing internacional
Gerente de filial	Gerente de contabilidade
Professor universitário	Suporte ao pessoal
Capataz	Gerente de projeto
Gerente de tráfego	Agente de compras
Advogado	Estagiário de vendas/marketing
Mecânico de avião	Gerente de risco
Motorista	Assistente de professor
Técnico esportivo de colegial	Recepcionista
Segurança de alojamento	Assistente de chefe de cozinha
Tenente da Guarda Nacional dos Estados Unidos	Funcionário de restaurante (recolhe e lava pratos)
Major do Exército dos Estados Unidos	Supervisor
Cozinheiro	Atendente de loja de golfe profissional
Técnico de basquete juvenil	

Especificamente, os entrevistados foram solicitados a se lembrar de uma situação em que se excederam – fizeram mais do que o cargo lhes exigia. Esse incidente deveria ser um em que decidiram por conta própria o que deveria ser feito e um em que sua supervisão ou gerência não tiveram nenhuma influência na decisão tomada. Além disso, os entrevistados também foram solicitados a discutir as circunstâncias que envolveram a experiência. Depois foram questionados sobre o que os levou a tomar determinadas atitudes além das responsabilidades de seus cargos, ou seja, o porquê desse comportamento especial.

Nossos resultados são muito criteriosos e vão fundo para responder à questão colocada anteriormente: Por que alguns trabalhadores fazem mais do que lhes é solicitado? Em resumo, identificamos 13 razões que explicam por que os indivíduos são motivados a despender um esforço extra. É bom notar, entretanto, que nem todos os entrevistados foram afetados pelos 13 fatores motivadores. Na verdade, muitos deles sugeriram que se sentiram motivados apenas por um dos fatores. De qualquer modo, os 13 capítulos seguintes descreverão aquele funcionário que decide, por vontade própria, agir e se exceder na função e oferece aos gerentes algumas orientações para recrutar e motivar seus funcionários a elevarem os padrões de seus cargos sempre que necessário.

capítulo 2

Motivação interna: Eles continuam sem parar!

◇◇◇

"São três os ingredientes para uma vida boa: aprender, ganhar e ansiar"
– Christopher Morley

Shawn é representante de vendas meio período para uma empresa que comercializa artigos e anéis de formatura. Ele basicamente vende para colégios e algumas faculdades. A firma em que trabalha tem mais sete representantes de vendas. Na condição de funcionário de meio período, geralmente ele faz seis horas por dia, e seu horário de saída é 17h, quando então vai para casa. Em um final de tarde, Shawn estava se preparando para ir embora. Havia atendido vários clientes, preenchido todos os formulários do escritório e despachado mais alguma papelada. Estava feliz e contente e, prestes a sair, quando percebeu um mal-estar, todo mundo agitado e nervoso no escritório. Aparentemente, as pessoas haviam se esquecido de preparar um *mailing* que deveria sair no dia seguinte bem cedo. Todos estavam péssimos, sem saber o que fazer. Shawn se ofereceu para levar o serviço para casa dizendo que ele e a família preparariam o *mailing* naquela noite. O gerente já tinha saído, e não havia ninguém para autorizar a iniciativa de Shawn, mas ele achou que a situação por si já garantia sua atitude. Ligou para a esposa, informando-a do "trabalho voluntário" que eles fariam naquela noite, e prometeu levar uma pizza para compensar o transtorno. Na manhã seguinte, o *mailing* saiu conforme a programação e o chefe isentou Shawn por não ter pedido aprovação para fazer o trabalho.

Amanda é assistente do vice-presidente da seção de uma distribuidora responsável pela circulação de vários jornais em todos os Estados Unidos. Ela recebeu a incumbência de determinar as projeções de circulação para todos os jornais. Recentemente, a empresa havia vendido vários tabloides e, portanto, os dados sobre circulação já não eram mais válidos.

Amanda poderia ter facilmente elaborado o relatório porque o departamento já tinha uma fórmula para fazer esses cálculos. Essa fórmula, entretanto, não era muito precisa. De qualquer forma, o chefe ficaria contente mesmo que ela a usasse, apesar da potencial imprecisão. Amanda, porém, resolveu refazer o relatório todo de novo, mesmo tendo várias outras tarefas e projetos para terminar simultaneamente. Ela precisou de dois dias a mais para fazer isso, e o resultado é que o banco de dados do departamento e do vice-presidente agora traduziam dados corretos, atuais e confiáveis.

Phil é um jovem estudante do primeiro colegial que acaba de voltar ao seu emprego de férias de verão no clube de golfe. Ele adorava jogar golfe, e desse modo, trabalhando na manutenção do campo, tinha direito a jogar golfe de graça. Logo no início do verão, o curso de golfe para jovens e adolescentes (de 5 a 14 anos) estava para começar. Subitamente, a pessoa encarregada de planejar e organizar o programa ficou doente e foi afastada. Não havia ninguém para substituir esse profissional, o chefe de Phil estava sobrecarregado de trabalho e não poderia assumir mais esta responsabilidade. Phil não pensou duas vezes e assumiu o programa, sem deixar de realizar suas funções no setor de manutenção. Ele estava trabalhando no clube, durante as férias há apenas três anos, mas achou que poderia dar conta do trabalho. E deu. Seu chefe ficou surpreso com o enorme sucesso do programa de aulas de golfe para jovens naquele verão, e ficou mais contente ainda por não precisar contratar nem treinar ninguém de fora para conduzi-lo.

Ethel é gerente assistente de imóveis de um escritório que administra vários prédios de apartamentos. Ela é responsável por comercializar as unidades, visitar inquilinos em potencial, enviar e coletar contratos antes e após assinatura, delegar serviços e tarefas e supervisionar os serviços de manutenção dos prédios. Com frequência, os inquilinos se irritam porque algo não está funcionando e acham que a responsabilidade é do escritório (por exemplo, ar-condicionado, geladeira, eletricidade). Certo dia, um inquilino ligou reclamando do ar-condicionado que estava com defeito. O calor estava acima de 30 graus, o céu claro e sem nuvens, e a umidade muito abaixo do desejável. Esse inquilino já estava ligando há três dias e ninguém da manutenção tinha ido até lá para consertar o ar-condicionado. Ethel tentou acalmá-lo rapaz dizendo-lhe que alguém iria até lá imediatamente. O inquilino retrucou: "Tá, me engana que eu gosto". Assim que desligou o telefone Ethel chamou o pessoal da manutenção, mas todos estavam fora atendendo a outros chamados. Embora não fosse sua função realizar tarefas de manutenção, ela entendia um pouco de sistemas de aquecimento e de encanamento, e pensou: "Que seja, vou lá dar uma espiada e ver o que posso fazer". Pegou uma caixa de ferramentas e foi para o apartamento "forno" do inquilino descontente. Quando ele abriu a porta, exclamou: "O que é isso, piada?". Então, Ethel explicou que estava lá para tentar fazer o ar-condicionado funcionar. Entrou, examinou o equipamento e imediatamente identificou o problema consertando na hora, para assombro do inquilino que ainda não conseguia acreditar no que havia acontecido!

DIAGNÓSTICO

Shawn, Amanda, Phil e Ethel assumiram situações que exigiam atenção. Nenhum deles, porém, foi obrigado a tanto. Shawn poderia ter ido para casa curtir a família e não correr o enorme risco de seu chefe não concordar com sua atitude e repreendê-lo. Amanda poderia ter usado o atalho para realizar a tarefa que lhe havia sido atribuída (que para o chefe estaria ótimo). Phil poderia ter ficado apenas com as funções do emprego original e não se arriscar, assumindo um volume enorme de trabalho extra com o programa de golfe para jovens. Por fim, Ethel poderia fazer o inquilino esperar mais um pouco até que alguém treinado fosse lá para consertar o equipamento. A despeito do inconveniente, de seus deveres e responsabilidades, e da expectativa de suas respectivas gerências, essas quatro pessoas com altos níveis de energia e iniciativa decidiram fazer mais do que lhes havia sido solicitado. Em todos os casos, os resultados foram extremamente favoráveis. O que impulsionou esses funcionários a aproveitar o desafio foi um alto grau de motivação interna.

Alguns funcionários simplesmente são altamente motivados, têm necessidade de realizar, de ter sucesso. Essas pessoas despendem sua energia em atividades ligadas ao trabalho, acreditando que provavelmente isto trará benefícios às duas partes: eles mesmos e suas empresas. Esses indivíduos criam situações de sucesso garantido (lembrem-se das atitudes de Shawn, Amanda, Phil e Ethel), são incansáveis, como o coelhinho da pilha Energizer®: "Eles continuam sem parar". Não apenas são motivados internamente, como recebem um alto grau de autossatisfação pelo que fazem. Vários de nossos entrevistados expressaram essas características:

- "Eu sou uma pessoa motivada a fazer meu serviço bem-feito. Eu gosto que meu trabalho fique perfeito." – Shawn, nosso vendedor de artigos para formatura.
- "É a minha personalidade, está dentro de mim isso de fazer mais do que esperam que eu faça." – Representante de serviços ao consumidor, empresa de equipamentos comerciais.
- "Pessoalmente, fico extremamente satisfeito em fazer mais do que preciso." – Gerente de recursos humanos distrital de uma grande cadeia multinacional de lojas de brinquedos.
- "Eu sempre estou internamente motivada a fazer o melhor possível; a satisfação obtida dessas iniciativas é muito importante para mim" – Amanda, a assistente do vice-presidente da distribuidora.
- "Eu sou meio perfeccionista, gosto que as coisas sejam feitas da melhor maneira possível." – Phil, nosso funcionário do clube de golfe.
- "Eu sempre fui motivada a fazer o melhor em qualquer função que já tive. Detesto gente preguiçosa." – Ethel, a gerente/assistente do escritório de administração de imóveis.
- "Minha vontade é fazer meu trabalho da melhor maneira possível."– Técnico de suporte de tecnologia de informação de uma grande livraria.

PRESCRIÇÃO PARA GESTORES

Funcionários motivados que obtêm enorme satisfação com o desempenho de seu trabalho são "joia rara" para um gerente. Esses indivíduos, assim como nossos quatro protagonistas acima, geralmente necessitam de pouca orientação, sempre buscam por mais serviço, usam a criatividade e identificam problemas antes que aconteçam (e as soluções também). Essas pessoas não têm medo de buscar novas formas para resolver antigos problemas ou de adaptar velhos sistemas tornando-os mais eficientes e eficazes. Parece que sua energia não tem fim. E, acreditem ou não, os gerentes podem melhorar sua própria motivação. Como? Tentando fazer o seguinte:

Recrutando

- Recrute funcionários que demonstrem altos níveis de energia. Pode-se identificar esta característica através de vários testes psicológicos padrão, ou, também perguntando-se aos candidatos como gostam de passar o tempo, ou seja, quanto tempo gastam no trabalho e quais são seus objetivos.

Administrando

- Crie cargos com variedade. A variedade dá oportunidade ao funcionário para realizar várias tarefas.
- Crie cargos que ofereçam *feedback* aos funcionários. Isto permite que eles saibam como estão se saindo e percebam o que devem continuar a fazer e o que precisam mudar.

Retendo

- Ofereça cargos que deem autonomia aos funcionários. A autonomia amplia o cargo e capacita o funcionário.

capítulo 3

Iniciativa: Às vezes, você vai e faz!

◇◇◇

"O sucesso leva tempo, mas só isso"
– **Anônimo**

Lindsay é caixa do cofre da matriz de uma rede bancária. Seu cargo é normalmente tranquilo, quase monótono. Entretanto, esta rotina se quebrou em uma manhã de sábado. Lindsay chegou ao trabalho e ficou sabendo que em uma das agências, o cofre havia sido programado de modo errado na noite anterior. Isso significava que um dos bancos não teria dinheiro suficiente para começar o expediente e, por isso, a filial onde Lindsay trabalhava precisava transferir milhares de dólares para a agência sem dinheiro. Porém, quem faria isso? Lindsay se prontificou a levar o dinheiro até a agência em seu próprio carro, sem ninguém para acompanhá-la (ou seja, um guarda armado!). Lindsay pegou o malote com o dinheiro, foi para a outra agência e fez a entrega. Ao voltar para a própria agência, Lindsay começou a pensar a respeito das possíveis consequências de sua atitude. "Nossa, eu poderia ter sido assaltada, roubada. Poderia ter batido o carro ou ter ficado parada no trânsito com milhares de dólares na mão. O dinheiro poderia ter caído ou ter sido arremessado fora do carro. Da próxima vez Lindsay pensou – seria mais cautelosa antes de sair na frente e dizer 'Pode deixar, eu faço isso!'"

Roberto é diretor de uma escola de ensino médio e verificou que um de seus alunos do terceiro ano estava com notas baixas em uma matéria. Talvez isso não fosse tão grave se a formatura já não estivesse prestes a acontecer! Infelizmente, na escola ninguém sabia do paradeiro daquele aluno. Naquela instituição, os alunos não precisam frequentar as aulas depois das últimas provas, e o aluno, mesmo desconhecendo suas notas, achou que já poderia ficar em casa, sem saber que poderia ser reprovado por causa de uma matéria. Imediatamente Roberto pegou o carro e foi até a casa do aluno, tocou a campainha, chamou pelo rapaz, bateu novamente à porta e nada... O diretor já estava indo embora quando o menino apareceu e perguntou por que Roberto estava ali em sua casa. Roberto conseguiu convencer o aluno displicente a assumir a responsabilidade pela situação para poder se formar. E, assim, o garoto rapidamente se preparou para a prova e obteve o crédito que precisava para a formatura. Roberto sentiu-se orgulhoso de ter evitado que um de seus alunos fosse reprovado!

Tom é gerente distrital de uma empresa de sementes e hortaliças, na qual trabalha há mais de 24 anos. Depois de tanto tempo, já conhece a maioria dos clientes de seu território. A época do plantio é crítica – os fazendeiros querem as sementes quando estão prontos para plantar, e nem um minuto depois. Como o próprio Tom diz, "quando chega o tempo do plantio, o pessoal pega pesado e não gosta que nada os atrase. Eles querem as sementes lá, e naquele momento." Um fazendeiro cliente de Tom estava se preparando para começar a plantar no dia seguinte. Na semana anterior, o tempo havia estado muito ruim e, por isso, o agricultor queria começar a plantar imediatamente. O fazendeiro estava esperando pela entrega das sementes até a metade da manhã do dia seguinte. Mesmo assim, Tom, que não ganha hora extra, decidiu surpreendê-lo e foi até o armazém da empresa por volta da meia-noite, carregou um caminhão com as sementes do cliente e as entregou na fazenda logo nas primeiras horas da manhã, o que possibilitaria ao agricultor começar sua tarefa antes do horário marcado. Afinal de contas, ele estava contando com Tom para que tudo saísse conforme o combinado, mesmo que fosse à custa de um trabalho durante a noite.

Uma hóspede planejava ficar em um hotel por uma semana. Na primeira noite no bar, ela fez amizade com Mike, um dos barmen do hotel, e lhe disse que pretendia ficar no hotel pelas próximas sete noites, e mencionou também que estava habituada a tomar uma xícara de um determinado chá de ervas antes de dormir, porque a acalmava e a fazia dormir bem. O chá que serviam no bar não era bom, deixava-a com insônia. Mike, então, apesar de ser apenas um barman, resolveu verificar se o hotel tinha aquele chá calmante que a hóspede tanto queria. Perguntou ao pessoal da copa se havia alguma caixa daquele chá na despensa. Não havia, mas logo após o término do seu turno, Mike saiu e comprou chá em quantidade suficiente para a hóspede insone poder ficar no hotel e dormir bem todas as noites.

Um jovem estudante estrangeiro morreu subitamente no pronto-socorro do hospital universitário. A namorada estava com ele quando o rapaz morreu, mas a família de ambos era da China. A moça, que era a pessoa mais próxima do falecido, não tinha nenhum apoio – estava sozinha e se sentindo abandonada. Jodi, a "gerente assistencial" do hospital, tomou a dianteira e passou horas e horas dos dias seguintes dando apoio à moça desconsolada. Nesse período, Jodi entrou em contato com a associação de alunos estrangeiros do *campus* e com o reitor da universidade. Quando os amigos do rapaz chegaram, Jodi os auxiliou a entrar em contato com a família, além contatar a Embaixada da China para chamar um médico legista. Jodi conversou com todas as autoridades do *campus* e de outras instituições, garantindo que quando os pais do rapaz chegassem à universidade, todas as providências com relação ao seguro-saúde do rapaz já tivessem sido tomadas. Por causa de todo o empenho e esforço de Jodi, a namorada e os pais do rapaz puderam lidar com a tragédia com mais facilidade.

DIAGNÓSTICO

A funcionária do banco, o diretor da escola, o gerente da empresa de sementes, o barman do hotel e a gerente do hospital universitário tomaram atitudes que foram muito além das especificações de seus cargos. Suas ações, suas atividades e tarefas não faziam parte da descrição de seus cargos. Lindsay, Roberto, Tom, Mike e Jodi não esperaram ninguém lhes dizer o que fazer naquelas situações. Todos aproveitaram o momento, agarraram a oportunidade e assumiram responsabilidades que não lhes era devida. Porém, em cada uma das instâncias, os cinco profissionais se preocuparam com as necessidades de seus "clientes". Todos tiveram atenção especial e, em cada um desses casos, atenção especial era o necessário.

Então, o que os levou a fazer o que fizeram? Os protagonistas e muitos de nossos entrevistados relatam que fizeram "mais que o dever" por causa da filosofia que abrange o aforismo: "Às vezes, você vai e faz!". Isto quer dizer que esperar que o funcionário receba instruções para agir é impróprio e cheira a incompetência. Ficar no banco enquanto o time apanha não faz sentido. Para esses indivíduos, fazer mais que o dever é simplesmente o mais prudente. As palavras de alguns desses "funcionários heróis" traduzem os motivos para essas atitudes especiais:

- "A gente faz isso naturalmente." – caixa de uma pequena livraria.
- "Foi bom fazer isso; sempre que vejo algo a ser feito, vou e faço." – gerente distrital de uma grande cadeia de locadora de vídeo.
- "Eu meio que tomo a frente para ficar no comando." – oficial da Guarda Nacional.
- "Isso faz parte do meu trabalho." – Roberto, nosso diretor de escola.
- "Isso a gente tem que fazer." – Tom, gerente de vendas da empresa de sementes.
- "Esse é um hábito que tenho – ser operário e gerente ao mesmo tempo." – gerente de uma empresa de administração de imóveis.
- "Achei que isso era algo que eu tinha de fazer." – Mike, nosso barman.
- "Isso é o que devemos esperar de nós mesmos, independente dos padrões de desempenho estabelecidos." – vice-diretor de um centro médico.
- "No Exército, a política de deserção é zero e, portanto, é preciso realizar a missão em sua totalidade" – recrutador do Exército dos Estados Unidos.
- "É a coisa mais lógica a se fazer." – coordenador de marketing internacional – empresa de seminários de marketing.
- "Havia muito trabalho a ser feito e prazo a ser cumprido." – gerente de uma loja de roupas (varejo).
- "Todos estavam muito ocupados e para que pedir permissão ao gerente, se posso simplesmente ir lá e fazer o serviço?" – atendente de restaurante.

PRESCRIÇÃO PARA GESTORES

As pessoas geralmente enfrentam desafios ou circunstâncias que exigem iniciativa e atitude. Contudo nem todos aproveitarão a oportunidade. Alguns se utilizarão da chance e identificarão o que eles acham que deveriam fazer, e não relutam em assumir essa responsabilidade. Certamente, para que essa atitude ocorra, o ambiente de trabalho deve ser propício e a percepção do funcionário tem que ser precisa. Portanto, o que o gerente deve fazer? Tente o seguinte:

Recrutando

- Pergunte aos candidatos, por exemplo, a respeito de projetos que começaram por conta própria. Ou, então, o que já fizeram para melhorar os processos ou procedimentos nas empresas em que já trabalharam.

Administrando

- Dar poder aos funcionários para tomar iniciativa sempre que tiverem oportunidade de fazê-lo. Porém, não os penalize se errarem. Ao contrário, use os erros como aprendizado para os seus funcionários "heróis". Dar poder e depois punir por um deslize é improdutivo.
- Identifique as áreas de potenciais problemas e alerte os funcionários a respeito dessas áreas. Instrua-os a tomar a atitude certa para corrigir o problema quando isso ocorrer, mesmo que isto implique assumir um risco "calculado".
- Dê exemplos do aforismo "Às vezes, você vai e faz!". Afinal, por que deveriam tomar esta atitude se você não os estimular? Certamente não o farão sem estímulo!

Retendo

- Explique os benefícios de praticar o "Às vezes, você vai e faz" aos funcionários, bem como as desvantagens de não praticá-lo.

capítulo 4

Educação:
Herança do passado

◇◇

"O que a mãe canta no berço segue até o caixão."
– Harriet Ward Beecher

Nathan é representante de serviços ao consumidor. Certo dia, chegou ao trabalho muito tenso. Um grupo de engenheiros ambientais da China estava chegando para ver um motor encomendado para a firma de Nathan, fabricante de equipamentos industriais de grande porte. Os engenheiros chineses queriam verificar se havia algum problema com o motor, porque numa compra anterior o motor chegara sem algumas peças. "Será que está tudo certo?", pensou Nathan. "Não podemos irritá-los novamente". Mas não estava tudo certo! Na verdade, o motor tinha sido embalado e enviado para o estaleiro, a uns 20 quilômetros da fábrica. Já era quase final do expediente, e Nathan tecnicamente terminara seu serviço. Em vez de repassar a culpa ou pedir para outra pessoa atender aos engenheiros, ele decidiu agir. Pegou o carro, levou os chineses até o local e pediu aos funcionários do estaleiro que abrissem a caixa contendo o motor e conduziu uma inspeção minuciosa – peça por peça – junto com seus clientes. Tudo estava em seu lugar. Como se não bastasse, Nathan ainda levou o grupo para um passeio pela cidade. E qual foi resultado do esforço desse funcionário? Os engenheiros ficaram maravilhados com a atenção recebida e tornaram-se um dos maiores clientes da empresa de Nathan.

Mai-Lin é professora de uma escola pública, onde o expediente vai das 7h30 às 16h, mas, de modo geral, ela sempre excede essa carga horária. Ao fim de cada período escolar, Mai-Lin se reúne com os pais dos alunos, encontro este que é muito importante para o desenvolvimento acadêmico dos estudantes, o que ela leva muito a sério. Essas reuniões começam por volta do meio-dia e geralmente se estendem até as 20h30, às vezes mais tarde ainda, muito além do horário estabelecido para o final das atividades dos professores. Mai-Lin se esforça para atender aos pais que só podem comparecer depois do trabalho. Isto ocorre quatro vezes por ano, durante três dias, para cada uma das classes. Evidentemente, essas reuniões são um inconveniente para Mai-Lin, mas ela parece não se importar.

Joe trabalha para uma grande ferrovia como guarda-freios. O cargo de Joe exige máxima atenção a todos os detalhes. Certa noite, ele chegou ao trabalho para o terceiro turno (de meia-noite às oito da manhã). Ele e um colega (amigo seu) eram responsáveis por 16 linhas diferentes naquela noite. Só que a esposa deste seu amigo havia dado à luz três dias antes, e o colega faltara nesse período para cuidar da esposa e do bebê, além de seus outros dois filhos. O rapaz estava exausto e quase não tinha dormido desde então. Joe sabia que ele não estava preparado para o trabalho e tampouco conseguia manter os olhos abertos, quanto mais executar a tarefa direito. Por isso, Joe lhe disse para dormir um pouco (o que durou 8 horas!) enquanto ele assumia o trabalho dos dois durante aquele turno. E, assim, Joe se incumbiu das tarefas de duas pessoas!

Dave é gerente de loja de uma distribuidora de tratores, e certo dia observou uma pessoa que parecia estar muito desanimada. Aproximou-se e perguntou se podia ajudar. O cliente então reclamou que comprara um motor para trator da firma de Dave, mas ele não funcionava – morria logo após a partida. O homem estava exigindo que o motor fosse substituído imediatamente, pois era época de plantio, e tempo era um fator crucial. Infelizmente, o motor estava em falta – tanto na fábrica como no depósito. Para não perder a venda e atender às necessidades do cliente, Dave ligou para todo mundo, até encontrar o motor. Como se não bastasse, pegou sua caminhonete e dirigiu mais de duas horas para ir buscar e trazer o motor até a loja, onde fez o motor funcionar no trator do cliente e ainda o levou até sua fazenda!

DIAGNÓSTICO

Os casos acima são exemplos de funcionários que se excedem em seus cargos. Nathan, Mai-Lin e Dave deram duro para manter seus clientes felizes, satisfeitos e acomodados, enquanto Joe facilitou a vida de um amigo que não conseguia dormir. Em cada situação, todos eles fizeram muito mais do que deles era esperado em relação à descrição de seus cargos. Na verdade, Nathan e Mai-Lin trabalharam muitas horas além de seus horários de trabalho, e Joe provavelmente seria repreendido pelo chefe se ele soubesse que estava fazendo o serviço de duas pessoas num cargo que exige máxima atenção. O que motivou essas pessoas – cada uma em suas respectivas funções – a assumir um comportamento tão digno de mérito? Existe um motivo subjacente que une esses quatro indivíduos?

O tema em comum que estimulou esses funcionários a se excederem em seus cargos foi a criação. A infância é um forte indicador do comportamento futuro, dentro e fora do trabalho. Ver e ouvir dos pais, ou de quem cria, seu padrão de comportamento na vida é uma lembrança que cola e dificilmente muda, pelo menos a curto prazo. Pais que assumem mais responsabilidades em seus afazeres, que fazem trabalho voluntário e ajudam as pessoas causam uma forte impressão na mente de seus filhos, que provavelmente seguirão seus exemplos. Aí estão algumas palavras ditas por esses funcionários, bem como de alguns outros entrevistados que exemplificam esta crença:

- "Faço mais que o necessário porque fui criado assim." – Nathan, nosso represente de serviços ao consumidor.
- "Meus pais faziam essas coisas." – funcionário de empresa de paisagismo.
- "Minha criação influenciou meu comportamento presente." – Mai-Lin, a professora.
- "Aprendi com meu pai que o tempo não é o mais importante – amigos e um trabalho bem-feito é o que importa na vida." – vice-presidente de uma companhia de carvão.
- "Muitas das coisas que faço no meu serviço têm a ver com a maneira como meu pai me criou." – Joe, nosso guarda-freios.
- "Se você vem de uma família honesta, sempre vai ser honesto e fazer a coisa certa." – Dave, o gerente da loja de tratores.

Faça a coisa "certa" mesmo!

PRESCRIÇÃO PARA GESTORES

As crianças observam o comportamento das pessoas da família, e algumas percebem atividades e esforços fora do comum, fora dos padrões, enquanto outras observam mediocridade ou indolência. Indivíduos cujos pais ensinaram a tomar iniciativa, a fazer as coisas e a assumir responsabilidades, provavelmente serão aquelas pessoas que farão mais do que o necessário, e se excederão em suas funções. É possível perceber esse tipo de comportamento e filosofia de trabalho antes de contratar o indivíduo. De que maneira? Tente o seguinte:

Recrutando

- Examine a solicitação de emprego para ver como os candidatos usam o tempo. Eles ficam "enrolando" ou estão entusiasmados e comprometidos em várias atividades relacionadas ao trabalho?
- Faça perguntas sobre sua criação, sua família e como foi a infância. Ficavam horas diante da tevê, jogando videogame, ou tinham diversas atividades que lhes ocupava o dia todo?
- Pergunte aos candidatos quais crenças eles absorveram quando cresciam. Eles dizem que nenhuma em especial, ou aprenderam a executar atividades que excediam os padrões normais?
- Peça-lhes para relatarem algum incidente em que fizeram mais que o necessário quando eram crianças e o que os motivou a isso. Terá sido sua criação?
- Peça aos candidatos para contar algumas das lições de vida que aprenderam enquanto crianças. Essas lições envolvem ajudar outras pessoas e fazer mais que o necessário?

capítulo 5

Autossatisfação se escreve assim: O-R-G-U-L-H-O

◇◇

"Um homem jamais se sentirá à vontade sem a própria aprovação."
– **Mark Twain**

Ben é capataz de carpintaria de uma construtora. Trabalha de segunda a sexta e é assalariado. Suas funções incluem também uma parte administrativa, ou seja, o preenchimento de formulários e relatórios para garantir que cada obra esteja de acordo com as normas e cronogramas, bem como para que não falte material, além do relacionamento com os donos das casas ou empresas incorporadoras. Numa sexta-feira à tarde, quase ao final do expediente, Ben estava feliz porque iria passar o final de semana em seu chalé no lago. Durante o dia, um de seus funcionários fez buracos na parede da frente do seu escritório para a colocação de janelas. Por estar atrasado na tarefa, o rapaz informou Ben que trabalharia até o anoitecer e também no sábado. Por um momento Ben pensou no fim de semana no chalé, mas logo depois informou o funcionário que ele ficaria também, pois achou que as janelas deveriam ser colocadas o quanto antes para finalizar a tarefa e também para impedir que alguém pudesse tropeçar e cair pelo buraco da parede.

Nancy, assistente de pesquisa no laboratório de um centro médico, estava se preparando para ir para casa ao final do expediente. Eram 17h, ela estava cansada, e todos os seus colegas de trabalho já tinham ido para casa. Ao sair da sala, um pesquisador a abordou no corredor e lhe implorou que o ajudasse com um experimento, pois ele tinha prazo e não podia esperar até o próximo dia útil. Na verdade, era um de seus colegas quem deveria trabalhar com o pesquisador, porque ela trabalhava para outro pesquisador do laboratório. Sem hesitar, Nancy concordou e foi ajudá-lo. O experimento foi um sucesso, mas exigiu que Nancy ficasse no laboratório por mais três horas além do seu expediente.

J.T. é vendedor de mobiliário externo e banheiras em uma revendedora de varejo. Embora a maioria dos negócios seja realizada na loja, quase sempre J.T. precisa sair para atender clientes. Recentemente, ele foi até a casa de um cliente à noite, depois do expediente, para fazer o orçamento para um ofurô e mobiliário para o pátio. A conversa durou três horas, mas a venda foi realizada. Depois, à época da entrega e instalação dos produtos, a equipe da firma de J.T. estava atrasada no serviço em duas semanas. Portanto, ele teve de se virar para conseguir a instalação da banheira, para isto atuou em várias frentes: (recebeu o cascalho para a base do ofurô, e chamou um eletricista para garantir que funcionasse direito. Tudo isso tomou muito tempo das vendas de J.T., que precisou se ocupar disso à noite e nos finais de semana (novamente, fora do expediente).

Sara deveria contratar uma empresa para pintar o escritório de uma grande seguradora na qual trabalhava. Na condição de coordenadora de serviços de escritório, esta tarefa fazia parte do seu cargo. Entretanto, a forma como conseguiu que o trabalho fosse feito, não. Ela contatou várias empresas de pintura para fazer o trabalho, mas todas estavam ocupadas por no mínimo uma semana. Infelizmente, seu chefe lhe dissera que toda a pintura deveria ser feita até a segunda-feira seguinte, ou seja, cinco dias depois, porque alguns clientes importantes estariam visitando o escritório. Sara não tinha como conseguir os pintores nesse período e, assim, convocou sete colegas do escritório, além dela mesma, naturalmente, para pintar o escritório. Ela e a equipe começaram o serviço no sábado de manhã e esticaram até a noite. No domingo, logo cedo, voltaram e terminaram o trabalho por volta das 10 da noite, com tempo suficiente para receber os visitantes ilustres da segunda-feira!

DIAGNÓSTICO

Preste atenção aos tipos de cargos que nossos funcionários acima ocupavam. Ben é carpinteiro e trabalha em obras. Nancy é assistente de pesquisa de um laboratório, J.T. é vendedor de uma revenda de mobiliário externo, banheiras e ofurôs, e, finalmente, Sara é coordenadora de serviços de escritório de uma grande empresa. Muitas pessoas poderiam entender esses cargos como um meio para um fim. Entretanto, nossos funcionários não pensavam assim. Em vez disso, aproveitaram o momento e fizeram as coisas a seu modo, muito mais que o esperado para seus cargos, e sem uma compensação financeira imediata. Para essas pessoas, seus cargos, não representavam simplesmente um emprego, mas algo muito maior. Este grupo, bem como alguns de nossos entrevistados, tiveram muito orgulho daquilo que fizeram, e foi este orgulho que os impeliu a adotar essas atitudes tão dignas de mérito.

Orgulho a gente sente. É como se você dissesse para você mesmo: "Parabéns, que trabalho bem-feito". Isso pode acontecer tanto para coisas pequenas como para as importantes. Quando o funcionário tem orgulho, ele se sente bem, vitalizado, feliz, satisfeito. E não é isto o que você quer de seus funcionários? Certamente! Reflita sobre as declarações que traduzem o sentimento dessas pessoas a respeito do esforço extra:

- "Quando vejo um cliente, não estou vendo o dinheiro. Meu objetivo é ter certeza de que estou trabalhando direito." – J.T., nosso vendedor de varejo.
- "Eu não queria ver o programa afundar; sairia muito caro para a empresa se isso acontecesse." – professor de medicina em hospital escola.
- "O pesquisador não tinha ninguém para ajudá-lo e, por isso, tenho orgulho do que fiz, e farei sempre que necessário." – Nancy, a pesquisadora assistente.
- "Resolvi ir adiante e fazer o trabalho por minha conta, porque era importante que nosso escritório estivesse bem apresentável." – Sara, nossa coordenadora de serviços de escritório.
- "Quero me sentir bem a respeito daquilo que estou fazendo no trabalho." – diretor de comunicações e desenvolvimento de uma organização sem fins lucrativos.
- "Eu não trabalho só para ganhar dinheiro. Você precisa gostar do que faz. E sentir orgulho do que se faz é muito importante no trabalho." – Ben, o capataz de carpintaria.

PRESCRIÇÃO PARA GESTORES

Muitos funcionários querem sentir orgulho do que fazem além, de se orgulhar do lugar onde trabalham. Como vimos, o orgulho produz sentimentos bons nos funcionários – sua autoestima, autorrespeito e autoconfiança aumentam. Com emoções assim favoráveis, é provável que os funcionários assumam maiores responsabilidades. Obviamente, o orgulho é algo que vem de dentro – ou o funcionário sente ou não. Todavia, orgulho é algo que o gerente pode possibilitar. Como? Tente o seguinte:

Recrutando

- Durante a entrevista de emprego, verifique se o orgulho é um fator motivador do candidato. Peça para descrever algumas situações em empregos anteriores em que decidiu agir assim e se sentiu orgulhoso do que fez.

Administrando

- Sempre que os funcionários pedem orientação, ofereça-lhes abertura suficiente para que resolvam o problema por conta própria. Isso não apenas aumentará o orgulho ao chegarem à solução, mas melhorará muito sua capacidade para resolver problemas.
- Mostre ao funcionário como seu cargo é importante para a empresa. Não importa o cargo, mas é importante para sua empresa. Se não fosse, por que colocaria alguém para ocupá-lo?

Retendo

- Informe seus funcionários que seus cargos não são apenas um meio de ganhar dinheiro, mas que, se bem desempenhados, podem se tornar um motivo de grande autossatisfação.

capítulo 6

Empatia: saiba como é estar no lugar do outro

◇◇◇

"Um coração sábio e compreensivo."
– 1 Reis 3:12

Kay é estudante de enfermagem – curso que se divide em teoria e prática, esta por meio da observação –, estagiária em um hospital. Naquela ocasião, o hospital estava com falta de funcionários e excesso de pacientes. Então, certo dia Kay viu-se por conta própria outra vez. Seu turno estava para terminar, e muitos auxiliares de enfermagem de saída. Infelizmente, muitos pacientes ainda não tinham recebido seu banho, e Kay percebeu que as auxiliares não conseguiriam sair no horário por causa do banho nos pacientes, que eram muitos. Além disso, elas já estavam reclamando porque teriam de trabalhar até tarde outra vez. Kay decidiu, então, ajudá-las a dar banho nos doentes e, por fim, ao final do turno, os pacientes estavam asseados e as enfermeiras puderam sair no horário.

Tim é gerente de uma pizzaria. Numa sexta-feira à noite, quatro funcionários faltaram ao trabalho; justo sexta, um dia bastante agitado, e aquela parecia estar insuportável. Os clientes estavam irritados porque o atendimento estava muito demorado, os outros funcionários reclamavam de seus colegas que haviam faltado, tinha muita gente na porta esperando para entrar e ser atendida, enquanto os entregadores gritavam por seus pedidos. O momento era difícil, e piorava a cada minuto. Tim decidiu, então, tirar o máximo de proveito da situação (inclusive em termos de dinheiro). Reuniu quatro funcionários e os colocou para executar tarefas que sabia que podiam se sair muito bem. Dois foram para a entrada, atender os clientes que faziam fila. Enquanto o pessoal ia executando suas tarefas, Tim foi para a cozinha e preparou vários pratos com *grissinis* e copos com refrigerante para que os clientes consumissem enquanto esperavam o atendimento. A iniciativa de Tim neutralizou a inquietação dos clientes e amenizou a raiva dos funcionários sobrecarregados.

Keisha trabalhava como vendedora de uma cadeia de lojas de departamento de médio porte e percebeu um senhor de idade inclinando-se sobre uma mesa repleta de suéteres. Ele estava tendo dificuldade para se manter em pé, mas examinava as peças com bastante atenção. Keisha se aproximou e lhe perguntou se precisava de ajuda, logo auxiliando-o a escolher três blusas de lã, duas camisas e um cinto. O cliente pagou a mercadoria e dirigia-se à saída da loja, carregando suas sacolas quando Keisha lhe perguntou se gostaria que ela o acompanhasse até o carro. O cliente, agradecido, aceitou o oferecimento da moça prestativa. Enquanto os outros vendedores ficavam na loja esperando para vender, Keisha quase carregou o cliente até o estacionamento ("ele soltou todo o peso do corpo em mim", disse ela), colocou-o dentro do carro e ainda ficou ouvindo suas histórias por cerca de trinta minutos. Ao final, o cliente, extremamente satisfeito, agradeceu Keisha pela ajuda e assistência

---

Jon trabalha como assistente numa pequena loja de *silk screen* e troféus, e naquela manhã de sexta-feira estava bastante ocupado. Ele tentava ignorar, mas era impossível não perceber a tensão que havia na firma desde a última semana. Os funcionários estavam ansiosos, com os nervos à flor da pele, a ponto de explodir a qualquer instante, enquanto os pedidos dos clientes se acumulavam. Todo mundo, inclusive Jon, estava sobrecarregado de trabalho. Qualquer interrupção, por menor que fosse, faria com que a equipe explodisse. Jon sabia que o fim de semana estava se aproximando, mas ninguém parecia se importar com isso. Ele sabia também que se o estresse da firma não se dissipasse, a segunda-feira seria brava! Numa tentativa de melhorar a situação, Jon saiu e foi até a mercearia. Comprou guloseimas e refrigerantes para todos e voltou ao trabalho. Ao chegar, chamou todos para uma "festinha" e foi bastante aplaudido por sua iniciativa. Na segunda-feira, ao chegar ao escritório, todos estavam tranquilos e calmos, e a semana começou bem.

DIAGNÓSTICO

Kay, Tim, Keisha e Jon se viram diante de situações completamente diferentes em seus locais de trabalho. Duas situações resultaram no desempenho de atividades que atenderam tanto às necessidades dos clientes como de seus colegas (Kay e Tim); uma circunstância acabou por ajudar um cliente que se sentiu especial e ficou profundamente agradecido (Keisha), e na outra, o funcionário (Jon) fez um esforço para melhorar o clima e agradar seus colegas.

Todos esses funcionários ficaram atentos a uma situação que poderia ter saído do controle, trazendo consequências muito desagradáveis, e, assim, tomaram a iniciativa sem que ninguém lhes pedisse para fazer o que fizeram. Os resultados dessas atividades "extras" foram muito construtivos, e é aí que os fins justificaram os meios.

Todas as pessoas dos casos narradas agiram por empatia. Elas viram a situação e tomaram iniciativas porque sabiam como era sentir aquilo. Certamente, já haviam passado por situações parecidas e tiveram a iniciativa de se colocar no lugar dos outros, o que levou nossos quatro protagonistas a resolver um problema sem maiores consequências. Vejamos agora como essas pessoas e outros entrevistados pensam a respeito:

- "Eu sei o que é, já passei por isso, e por este motivo não gosto de ver outras pessoas (as auxiliares de enfermagem) serem deixadas para trás." – Kay, a estudante de enfermagem.
- "Eu sei o que é isso e, portanto, se eu puder fazer um pouco mais... os clientes vão se sentir melhor." – gerente de ótica.
- "Fiz isso porque sei o que gostaria que fosse feito para mim em circunstâncias parecidas." – cuidadora de pacientes em grande hospital público.
- "Lembro-me muito bem de que quando fui residente não havia ninguém para me ajudar, e, assim, na minha unidade meus residentes não passam por isso." – anestesista em um grande hospital.
- "Eu estava vendo o que os clientes estavam passando. Por isso quis fazer alguma coisa para melhorar a situação." – Tim, o gerente da pizzaria.
- "Percebi que o aluno estava se sentindo muito sozinho, e eu sei o que é isso." – professora/conselheira de internato.
- "Sabia como eu me sentiria naquela situação e, portanto, sabia do que meu aluno precisava." – professora assistente em uma grande universidade estadual
- "Eu também vou ficar velha um dia, e espero que alguém faça isso por mim." – Keisha, nossa vendedora.

PRESCRIÇÃO PARA GESTORES

Ao se colocar na situação de outra pessoa, o indivíduo percebe como se sentiria se aquilo fosse com ele. Com empatia suficiente, os funcionários podem ser motivados a agir – a fazer um pouco mais – para que outras pessoas não se sintam mal ou desconfortáveis. Funcionários com empatia são os que provavelmente oferecerão ajuda sem que sejam solicitados, de maneira não invasiva nem humilhante. Então, o que o gerente pode fazer para estimular a empatia entre os funcionários? Tente o seguinte:

Recrutando

- Sempre recrute indivíduos que demonstrem empatia. Existem vários testes psicológicos padronizados que podem ajudá-lo a identificar os vários níveis de empatia. Verifique se na sua biblioteca, na seção de psicologia, existe algum material que possa servir de fonte de pesquisa.
- Faça perguntas aos candidatos a respeito dos tipos de atividades em que estão engajadas, especialmente as voluntárias. Os que participam de atividades em benefício da comunidade (como, por exemplo, oferecer informações por telefone, visitar os moradores de asilos ou abrigos, passar um tempo com pessoas de idade uma vez por semana, ou ser voluntário em alguma atividade). Todas essas são atividades que implicam um nível elevado de empatia.

Administrando

- Ofereça treinamento de empatia por meio de exercícios nos quais um assume o papel do outro. A empatia da pessoa pode ser melhorada (sim, pode-se ensinar um velho cão a aprender novos truques) pelo desenvolvimento de suas capacidades. Não pense que porque um funcionário não tem empatia ele não tem mais jeito.
- Mostre empatia para com outros funcionários e outras pessoas.

Retendo

- Explique aos funcionários as vantagens da empatia. Faça-os saber que ela não é valiosa apenas no trabalho, mas em qualquer relacionamento de suas vidas. Em resumo, ela é uma característica válida para inúmeras situações.

capítulo 7

Preocupação: quando a pessoa se preocupa o suficiente para fazer o melhor

"É bom lembrar que toda a população do universo, com uma única exceção, é composta pelos outros."
– **John Andrew Holmes**

Certa manhã, Don, médico ginecologista, chegou cedo ao hospital no qual trabalhava. Não havia nenhum parto programado, e enquanto via as fichas dos pacientes, não tinha nada de anormal em sua rotina. Todas as gestantes estavam bem e não havia pressa alguma. Então, Don se deparou com uma ficha que o deixou preocupado. Havia uma gestante em trabalho de parto que deveria dar à luz quadrigêmeos. O parto em si já era preocupante, mas havia mais um complicador: a mãe tinha problemas respiratórios. Don passou suas visitas e viu todos os seus pacientes. Quando chegou à mãe dos quadrigêmeos, percebeu que ela já estava no último estágio do trabalho de parto. Chamou uma enfermeira para levá-la até a sala de parto e rapidamente foi se preparar. Don fez o parto das quatro crianças sem nenhum incidente: mãe e filhos passavam muito bem. De repente, a paciente começou a sufocar com falta de ar e foi imediatamente encaminhada para a UTI. Ficou ali por seis dias, e Don também, dormindo apenas algumas horas por dia. Ficou do lado de sua paciente todo o tempo até que ela se recuperar completamente.

Paula trabalha como gerente assistente em uma cadeia de lojas de varejo. Durante seus turnos de 12 horas sua responsabilidade é manter as mercadorias em estoque e nas prateleiras e ajudar os gerentes de departamentos a executar suas funções de maneira eficaz e eficiente, além de treinar novos vendedores e atender clientes. Certo dia, próximo do final de seu expediente, Paula estava animada porque ia a um show de rock com amigos e depois sairiam para beber. Estava se preparando para ir embora quando a funcionária que ficaria em seu lugar ligou dizendo que não iria trabalhar naquele dia por conta de uma emergência em casa. Paula poderia ter ido embora porque o gerente estava lá e ocuparia o cargo naquela situação. Apesar do programa divertido para o qual se programara, Paula se ofereceu para ficar por mais 12 horas, ou seja, trabalhou 24 horas seguintes!

Naquela véspera de Ano-Novo o movimento era grande num dos ambientes daquele restaurante temático. Todo mundo fazendo folia, comendo, bebendo, tocando buzinas e apitos. O ano velho estava indo embora e o novo estava prestes a começar. Tudo ia bem e Jonathan, um dos funcionários do estabelecimento, estava prestes a se deparar com um problema que poderia ter atingido proporções desastrosas. Estava caminhando para uma das mesas quando um cliente surgiu na sua frente reclamando que não havia papel higiênico nem toalhas de papel nos banheiros masculino e feminino (como ele sabia que nos dois banheiros não havia papel, ninguém soube dizer). Jonathan foi até o depósito, mas não encontrou nem uma coisa nem outra e, assustado, pensou "como é possível faltar papel higiênico na noite mais movimentada do ano?". Porém, em vez de reclamar, decidiu agir por conta própria. Todo mundo no restaurante estava sobrecarregado, e, assim, saiu correndo, foi até uma loja de descontos perto dali e comprou uma quantidade de papel higiênico e toalhas de papel suficiente para aquela noite, evitando uma catástrofe no restaurante!

Mona trabalha há 18 anos como professora de inglês, redação e gramática numa escola de segundo grau. A maioria dos outros professores dessas matérias costumava passar pouca lição para os alunos, que assim tinham pouca coisa para fazer, a não ser, vez por outra, fazer uma redação de uma ou duas páginas. É era desse jeito que as coisas funcionavam naquela escola nos últimos dez anos. Entretanto, Mona não segue esta tendência, e costuma passar aos alunos trabalhos de, no mínimo, dez páginas de pesquisa e redação – chegando a 90 trabalhos que requerem toda a atenção de Mona para corrigi-los. Seus antigos alunos costumam vir vê-la quando o primeiro ano da faculdade termina e lhe dizem que as pesquisas que ela passou para fazerem estão sendo agora de grande utilidade. Por este motivo Mona não pretende abrir mão de atribuir esta tarefa tão importante aos alunos. Ela trabalha muito mais em comparação com seus colegas, mas está convencida de que isto é o certo a fazer, ou seja, ultrapassar a linha do dever.

DIAGNÓSTICO

Um médico, uma gerente assistente de loja, um atendente de restaurante e uma professora de colégio viram-se diante de condições adversas e não gostaram do que viram. Acharam que precisavam fazer mais do que era esperado deles no desempenho de suas funções. Simplesmente não acharam certo passar a bola adiante e deixar que outra pessoa assumisse um problema que julgavam ser seus. Todos foram motivados a fazer mais, a ir além do cargo para prevenir consequências desastrosas. O que os levou a essas atitudes foi a *preocupação* com os outros.

Don, Paula, Jonathan e Mona demonstraram uma grande preocupação para com as pessoas, sejam pacientes, outros funcionários, clientes ou alunos. Cada um, à sua maneira, decidiu fazer alguma coisa a mais para que os outros recebessem um tratamento especial – ou, na opinião dos quatro protagonistas, o tratamento correto e merecido". Don não conseguiu sair de perto da paciente, que agora tinha quatro bebês para cuidar. Paula não queria sobrecarregar o gerente da loja. Jonathan desejava que os clientes do restaurante saíssem de lá felizes e satisfeitos, especialmente na véspera de Ano-Novo. E Mona apenas "sabe" que precisa forçar seus alunos agora para que se saiam bem mais adiante. Aí estão as opiniões dessas quarto pessoas e de outros entrevistados a respeito:

- "Fiquei com pena da cliente; ela precisava saber que havia alguém por perto caso algo lhe acontecesse." – gerente de uma loja de modas.
- "Senti-me responsável por ela, pois eu era o único ginecologista para gravidez de alto risco disponível na cidade naquele momento." – Don, nosso médico.
- "Consegui facilitar a vida do meu chefe."– assistente de imobiliária.
- "Queria diminuir a pressão dos meus colegas estressados." – Paula, a gerente assistente da loja.
- "Esse grupo estava para entrar na faculdade, e eles precisavam saber escrever." – Mona, nossa professora do colegial.
- "Eu simplesmente gosto de ajudar pessoas e cuidar delas." – dono de uma loja de eletrodomésticos.
- "Meus colegas e minha empresa estão contando comigo." – motorista de uma transportadora multinacional.
- "Todo mundo estava muito ocupado. Assim, em vez de incomodá-los, resolve agir." – Jonathan, o nosso atendente de restaurante.

- "Gosto de fazer as coisas para os outros; eu me importo com os outros." – funcionário do controle de qualidade de restaurante.

PRESCRIÇÃO PARA GESTORES

Muita gente diz que se preocupa com os outros. Mas será que se preocupa *mesmo*? Só se manifestarem este comportamento. Uma coisa é dizer: "eu me preocupo com você", e outra completamente diferente é demonstrar isto. É só perguntar para alguém que já esteve em um relacionamento! Demonstrar cuidado e preocupação para com os outros, sejam colegas, chefes ou clientes, pode ser algo bom e gerar bons sentimentos nas pessoas que estão sendo atendidas. Então, o que a gerência pode fazer para incentivar este comportamento em seus funcionários para que façam mais do que lhes é solicitado? Tente o seguinte:

Recrutando

- Durante o processo de entrevistas, cite exemplos e pergunte aos candidatos como resolveriam determinadas situações. As respostas podem traduzir a preocupação para com os outros.
- Pergunte aos entrevistados que valor dão aos cuidados e à preocupação, por que pensam desse modo e como agiriam nas várias situações. O cuidador em potencial logo será revelado.
- Recrute pessoas que se oferecem para realizar atividades que demandam cuidados e preocupações e/ou ocupem cargos que exigem isto.

Administrando

- Pratique a preocupação e o cuidado na condição de gerente. Lembre-se: um exemplo verdadeiro deixa uma impressão indelével na mente dos funcionários.

Retendo

- Incentive os funcionários a se engajarem em ações voluntárias. Mais tarde, eles poderão incorporar algumas dessas novas experiências no trabalho.

capítulo 8

Reciprocidade: uma mão lava a outra

◇◇

"Aquilo que vem de graça sai caro."
– **Jean Anouilh**

Charlene era vendedora de uma cadeia multinacional de lojas de descontos. Durante e logo depois do Natal, estava trabalhando na seção de brinquedos. Durante quatro semanas seguidas atendeu um cliente que vinha à sua seção em busca de um *PlayStation*® 2 para o filho, e todas as vezes saía de mãos vazias, pois não havia mais nenhum no estoque (o próprio fabricante havia limitado a entrega). Esse pai não só não tinha conseguido comprar o presente para o filho no Natal, como agora parecia que não conseguiria comprá-lo nunca. Charlene percebeu a decepção e a tristeza do cliente toda vez que ia embora sem o brinquedo. Finalmente, o *PlayStation*® 2 chegou! Imediatamente, Charlene o embrulhou em papel comum e o colocou em um local onde os outros funcionários da loja não encontrariam. Rapidamente, telefonou para o cliente e avisou que o presente de seu filho estava com ela na loja. Logo em seguida, o homem chegou à loja e levou o *PlayStation*® 2 com um enorme sorriso nos lábios. Naquele dia, certamente Charlene proporcionou um sorriso maior ainda para o garoto naquele dia.

Deion trabalhava há muitos anos como técnico de suporte numa cadeia de lojas "faça você mesmo", dando assistência aos clientes que precisam de orientação na reforma ou decoração de suas casas. Certo dia, um cliente chegou reclamando com Deion e seu gerente a respeito de um vaso sanitário que comprara na semana anterior. O vendedor lhe garantira que a peça caberia no banheiro de visitas da sua casa. Ao chegar em casa, porém, ele percebeu que a peça era grande demais para o espaço. Voltou à loja, irritado, dizendo impropérios, ameaçando processar a loja. Nada parecia acalmá-lo. Deion, ex-lutador de luta livre, do topo de seus quase 120 quilos, não se intimidou com as ameaças do cliente nervoso. Ao contrário, esperou que ele se acalmasse e, em seguida, educadamente se desculpou pelo problema e pelo transtorno e se colocou à disposição para providenciar o reembolso ao cliente. Além disso, ofereceu também um desconto de 30% sobre o preço da peça certa. O cliente arregalou os olhos, sem acreditar no que estava ouvindo, e logo depois, muito mais calmo, aceitou a oferta.

C.W. trabalha no alojamento de uma universidade estadual no turno da madrugada, das 20h às 8h. Ela confere as carteiras de identidade para garantir a entrada apenas de residentes no prédio, como um tipo de segurança feminina. Numa ensolarada manhã, C.W. se preparava para terminar o turno quando recebeu um telefonema. A funcionária que entraria na sequência (das 8h às 16h) estava atrasada e não conseguiria chegar antes das 10h, duas horas depois do seu horário. C.W. estava exausta e, além disso, precisava muito dormir e, depois, estudar para uma prova. Pensou em conversar com o chefe para que ele tentasse encontrar alguém para aquelas duas horas. Mas, em vez de reclamar e gerar um problema para encontrar alguém, C.W. decidiu ficar as duas horas e só depois foi para casa dormir.

Jeff é vendedor interno de uma distribuidora de produtos de madeira. Os artigos são usados principalmente na construção ou na reforma de casas. Normalmente, os clientes ligam para a loja e fazem seus pedidos por telefone, por fax, ou então vêm pessoalmente ao *showroom*. Dificilmente Jeff sai para atender algum cliente. Numa sexta-feira à tarde, quase na hora de ir embora, ele recebeu um telefonema de um cliente que estava preocupado porque havia pedido duas portas externas para sua casa nova, que o pessoal responsável pela colocação ainda não havia feito o trabalho, e aparentemente só iria colocá-las na segunda-feira, quando voltassem ao trabalho. O cliente contou a Jeff que tinha acabado de levar alguns objetos para a casa, e planejara continuar a levar mais coisas no dia seguinte, achando que as portas já estivessem instaladas, mas agora ele estava muito preocupado com medo que invadissem a casa e roubassem seus pertences. Aflito, perguntou-lhe o que deveria fazer. Jeff, que tem muita prática neste tipo de serviço, parou para pensar um instante e depois disse ao cliente que, como estava mesmo de saída, daria uma passada lá para ver o que poderia fazer. Chegando lá, rapidamente colocou as portas, tirando uma grande preocupação da cabeça de seu cliente. Este é o exemplo de um vendedor interno que virou carpinteiro para não deixar um cliente insatisfeito!

DIAGNÓSTICO

Charlene, Deion, C.W. e Jeff fizeram uma criteriosa avaliação da situação que tinham diante de si e resolveram fazer algo fora do normal, inesperado. Evidentemente, não precisavam ter agido assim. Charlene, por exemplo, não precisaria ter se preocupado com aquele pai e guardado o brinquedo ali, avisando-o quando chegou. Deion poderia simplesmente ter reembolsado o cliente mal-educado sem lhe oferecer um desconto sobre o novo produto. C.W. poderia ter apenas informado seu chefe sobre o atraso da sua substituta e deixado que ele se preocupasse com o problema. Jeff poderia apenas ter dito ao cliente aflito: "Puxa, que pena". Entretanto, nenhum deles optou pela saída mais fácil, e todos fizeram muito mais do que deles era esperado na condição de simples funcionários.

Esses indivíduos, além de vários outros entrevistados, adotaram um comportamento especial porque acreditam no conceito de reciprocidade. Acham que seu comportamento no trabalho, especialmente o que merece elogios, é um modo de retribuir o modo como são tratados por suas empresas. Eles fazem mais que o dever porque seus empregadores os tratam bem, com respeito e salário compatível com os cargos que ocupam, e também por acreditarem que lá eles fazem parte de uma família. São bem tratados pela empresa e tratam bem os outros.

As declarações de alguns entrevistados dão ênfase ao conceito de reciprocidade:

- "O pessoal daqui da firma cuida tão bem de mim, então eu acho que devo cuidar deles também." – Jeff, o vendedor interno que virou carpinteiro.
- "Se você é bem tratado pela sua empresa, vai fazer o máximo possível para retribuir isto." – representante de atendimento ao cliente, fabricante de equipamentos industriais.
- "A maioria dos meus chefes é gente fina, então eu faço o melhor para eles." – engenheiro chefe de uma multinacional de petróleo.
- "Meu chefe é muito legal e sempre faz tudo para me ajudar, então estou apenas retribuindo sua gentileza." – funcionário de uma grande ferrovia.
- "A gerência do alojamento sempre foi muito legal com os funcionários, especialmente comigo. Sinto-me parte da empresa, e foi por isso que fiquei." – C.W., a atendente de alojamento da universidade.

- "Minha empresa toma conta dos funcionários e, assim, tomo conta dos clientes." – Deion, o técnico de suporte da cadeia de lojas "faça-você--mesmo".
- "Minha filosofia é a seguinte: faço aos outros aquilo que fazem por mim." – Charlene, nossa vendedora da multinacional de descontos.
- "Minha empresa paga meu salário e eles precisam que eu tenha sucesso." – vice-diretor de agência de serviços sociais.

PRESCRIÇÃO PARA GESTORES

O tratamento dispensado aos funcionários desempenha um papel muito importante em relação ao modo como eles executam seu trabalho, melhorando, assim, a eficiência. Os funcionários querem sentir que estão sendo tratados de maneira profissional e justa em suas empresas. Esta percepção é a razão pela qual as pessoas assumem funções e se desempenham além daquilo que deles é esperado. Os casos e declarações acima ilustram o efeito que o bom tratamento dispensado pelas empresas aos funcionários pode causar. Afinal, se as empresas esperam que seus funcionários tratem bem seus clientes, de que maneira deveriam tratar seus funcionários? Tente o seguinte:

Administrando

- Sempre que houver algum tipo de desentendimento entre você e seus funcionários, converse com eles, jamais grite. As cenas dramáticas só ficam bem no teatro e no cinema.
- Trate os funcionários com profundo respeito, independente do cargo que ocupem, pois eles têm trabalho a fazer qualquer que seja suas funções. Não ignore o que eles fazem; na verdade, elogie seu empenho.
- Trate os funcionários como adultos, e não como crianças, como alguns supervisores paternalistas acham que deve ser. O adolescente não é um adulto ainda e, portanto, requer atenção especial. A maioria, contudo, é adulta e merece ser tratada como tal.

Retendo

- Informe claramente o que você está oferecendo e por que, e mantenha seus funcionários sempre informados – sobre coisas boas ou não – de modo profissional e cuidadoso. Com isso você incentiva os laços afetivos entre sua empresa e seus funcionários.

capítulo 9

Aquisição e retenção do consumidor: o som do dinheiro

◇◇

"Quando você os pega pela carteira, seus corações e mentes vêm logo em seguida."
– **Fern Naito**

Dave é vendedor de uma loja de móveis de um único dono. Normalmente, ele trabalha internamente, aguardando os clientes que entram na loja. Recentemente, Dave atendeu um telefonema de uma cliente que reclamava de uma escrivaninha cara que havia comprado na semana anterior. Disse que precisava que alguém fosse até sua casa para consertar o móvel (uma das gavetas estava emperrada) ou, então, que retirassem a peça de sua casa e lhe devolvessem o dinheiro. Normalmente, este assunto seria de responsabilidade do departamento de serviços ao consumidor da loja, porém, naquele dia todos estavam realizando serviços externos e não havia ninguém para atendê-la. Embora Dave não tivesse vendido a escrivaninha à cliente insatisfeita, prontificou-se a ir ver do que se tratava. Foi até a casa da cliente, viu do que se tratava e, rapidamente, consertou o defeito, o que mudou completamente a atitude da cliente em relação à loja de móveis.

Um dos clientes em potencial da empresa de Mário que é coordenador internacional de marketing de uma corporação organizadora de seminários estava vindo da Irlanda para participar de um seminário oferecido por ela. Após assistir ao seminário, aquele cliente iria, então, decidir se seus funcionários fariam o seminário ou não. Mário foi buscá-lo no aeroporto, levou-o até o hotel e na manhã seguinte foi buscá-lo e o acompanhou até o evento. Depois do curso, Mário ainda o levou para jantar e pagou a conta (com dinheiro próprio, sem direito a reembolso). Durante o jantar, conversou com seu visitante a respeito do seminário, depois o levou para um *tour* pela cidade e, finalmente, deixou o irlandês de volta ao hotel. No dia seguinte, foi buscá-lo e o levou para o aeroporto, não sem antes conseguir a adesão e assinatura no contrato do agora cliente!

Gina é vendedora de uma cadeia multinacional de lojas de descontos. Certo dia, um cliente chegou à sua seção reclamando que tinha acabado de comprar uma mesa para computador, mas devido à dificuldade para montá-la, acabou por quebrar duas peças. O cliente queria devolver a mesa e ser reembolsado por conta da dificuldade em montar o produto. Ele havia se mudado há pouco tempo para a cidade e não dispunha das ferramentas necessárias para montar a mesa, mas por sorte (da loja!), morava a poucos quarteirões dali. Este cliente, técnico em computação, tinha perdido muitas horas de trabalho tentando montar a mesa. Depois de conversar com o cliente insatisfeito, Gina resolveu o problema, informando o chefe o que pretendia fazer: ela mesma montaria uma nova mesa na loja, mandaria entregá-la na casa do cliente e retiraria a mesa defeituosa. O gerente de Gina, surpreso diante da iniciativa e desprendimento de sua funcionária, imediatamente aprovou a decisão. Aquela iniciativa teve como resultado o retorno do cliente alguns dias depois para comprar uma cadeira e mais artigos para completar seu escritório.

DIAGNÓSTICO

O vendedor de móveis, o coordenador de marketing internacional e a vendedora da cadeia de lojas depararam-se com situações interessantes. Dave precisava resolver uma situação difícil em que a cliente ameaçava devolver o produto e pedir o reembolso. Imagine a insatisfação e a raiva da cliente caso Dave não tomasse a iniciativa de ir até lá e resolver o problema que, obviamente, excedia as especificações de sua função. Mário investiu tempo e o próprio dinheiro com atividades fora do horário de trabalho para conquistar um cliente potencial. A empresa jamais o reembolsou pelas despesas que realizou, mas ele conseguiu um cliente novo. Finalmente, Gina ganhou o dia ao propor uma alternativa criativa que também estava muito além das suas obrigações na condição de vendedora da loja. O resultado não poderia ter sido melhor: cliente e chefe satisfeitos, além de ter feito o cliente voltar à loja para comprar mais artigos, em vez de registrar uma reclamação que poderia prejudicar a loja. Todas essas pessoas ultrapassaram os limites de suas funções com o objetivo de agradar e reter os clientes, assim gerando mais negócios.

Os clientes são a vida de uma empresa. Se você os tratar bem, eles continuarão a voltar para adquirir mais coisas ou serviços, além de divulgar sua empresa para outras pessoas. Se você os tratar mal, sua ira cairá sobre você e sua empresa (lembra de Charlton Heston no filme *Os 10 mandamentos*?). Tratar mal os clientes faz com eles falem mal de sua empresa para os outros (geralmente, muitos outros), descrevendo-lhes sua infeliz experiência. Os funcionários descritos nesses casos tomaram a iniciativa de resolver uma situação em vez de passá-la para outra pessoa, mesmo incorrendo em gastos com o próprio dinheiro, como foi o caso de Mário. Os três sabiam, ou pelo menos imaginavam, o que precisava ser feito – e suas ações deram muito certo. A seguir, declarações desses funcionários e de outros nossos entrevistados com relação aos motivos que os levaram a agir assim:

- "Se eu o tratar bem e for honesto, você provavelmente vai me recomendar a seus amigos e conhecidos. É assim que faço as coisas." – Dave, nosso vendedor de móveis.
- "Minha motivação era simplesmente ter um cliente na Irlanda." – Mario, o coordenador de marketing internacional.
- "Fiz o que fiz porque queria desenvolver um relacionamento de longo prazo com o cliente, e sabia que ele voltaria porque morava a duas quadras da loja." – Gina, a vendedora da loja de descontos.
- "Se faço meu trabalho direito, provavelmente o cliente vai ligar e pedir para eu fazer outros trabalhos." – funcionário de uma firma de paisagismo.
- "Ajudar um cliente a respeito de algum produto que ele não comprou na minha empresa, em algum momento fará que este cliente volte e compre de mim." – gerente de uma empresa de telefonia celular.

PRESCRIÇÃO PARA GESTORES

Funcionários que se excedem em suas funções geralmente se dão conta de que esse empenho servirá para melhorar os negócios ou a percepção externa da empresa. Melhorar os negócios e aumentar o lucro são seus objetivos fundamentais. Dar assistência a um cliente frustrado pode levar a uma incrível promoção boca a boca a respeito da empresa, além de futuros negócios com o então insatisfeito cliente, sua família e seus amigos. Dessa maneira, fazer com que os funcionários se excedam em suas funções deve ser questão de preocupação para os gerentes. O que você pode fazer para gerar esse comportamento em seus funcionários? Tente o seguinte:

Administrando

- Demonstre claramente aos funcionários como eles fazem parte da organização e o impacto que causam nos objetivos de lucros da empresa.
- Mostre-lhes que você se importa muito com os clientes e, assim, demonstre o respeito que tem por todos.
- Dê exemplos de tipos de comportamento que podem angariar a satisfação e a fidelidade do cliente. Use casos ocorridos com outros funcionários para dar mais credibilidade.

Retendo

- Informe os funcionários sobre a importância de satisfazer os clientes e de torná-los fiéis.

capítulo 10

Satisfação do cliente: Bola de borracha que sempre quica de volta para mim!

◇◇

"Faça feliz quem está perto de você e os que estão longe se aproximarão."
– **provérbio chinês**

J.B. é mecânico de aviões de uma companhia aérea de médio porte. Uma de suas atribuições é realizar *check-ups* de rotina regularmente, bem como outras atividades não rotineiras. Geralmente, estas últimas dizem respeito à verificação e reparo de peças ou de sistemas da aeronave após sua validade (por exemplo, três, cinco dias etc.). Caso tenha expirado o prazo de validade de alguma peça ou sistema, a aeronave não pode ser utilizada enquanto o reparo não for realizado.

Certa noite, J.B. chegou para o seu turno de oito horas, que começava às 23h. Um avião tinha pousado e deveria partir novamente às 06h30 da manhã seguinte, o que quer dizer que J.B. teria pouco tempo para preparar o avião para voar. Ele não queria prender o avião em terra, pois isso representaria problemas de logística para sua empresa (por exemplo, atraso em outros voos que aguardavam a chegada desta aeronave), bem como não queria se indispor com seu chefe. Infelizmente, não só a manutenção tinha que ser feita, porque J.B. percebeu que um dos sistemas de três dias tinha expirado e precisava ser substituído – uma tarefa longa e complicada. O tempo passava e a qualquer instante seria a hora de o avião partir. Assim, J.B. colocou mãos à obra e deu início aos reparos, contudo, para conseguir esta façanha, precisou abrir mão de duas de suas pausas de 15 minutos, além dos 45 minutos para fazer uma refeição, que lhes são garantidos pelo sindicato na condição de mecânico de aeronaves. J.B. optou por não folgar para conseguir terminar o trabalho a tempo, o que de fato ocorreu. Só após o avião ter decolado J.B. foi para casa para o seu merecido descanso.

Rick é gerente de vendas de varejo e coordenador de fábrica de uma empresa de jardinagem e paisagismo. Suas várias funções, entretanto, nem sempre são compatíveis com o nome dos cargos que exerce. Certa noite, Rick precisou se transformar em Jeff Gordon[1] para que um trabalho de jardinagem fosse começado e terminado a tempo no dia seguinte. Ao final do expediente, às 21h, ele recebeu o telefonema de um de seus assistentes, dizendo que faltavam várias árvores e diversos arbustos de uma obra que deveria começar às 8 da manhã do dia seguinte. Evidentemente, no estoque não havia as plantas, nem em lugar algum da cidade. Imediatamente, Rick começou a ligar para seus contatos na região e acabou por encontrar tudo de que precisava em dois lugares diferentes: um a 160 quilômetros outro a quase 250 do primeiro local, ou seja, mais de 300 quilômetros de onde estava. Sem titubear, pegou o caminhão e foi atrás das plantas, viajando a noite inteira. Chegou à obra por volta das 6 da manhã com as árvores e os arbustos necessários para que a obra fosse iniciada duas horas antes do previsto!

Jill trabalhava no turno da noite como *hostess* de um restaurante popular da cidade. Eram 22h, normalmente um horário calmo no estabelecimento. Na verdade, o gerente havia dispensado vários cozinheiros e garçons antes da hora naquela noite. Subitamente, surgiu um grupo de 30 pessoas na expectativa de serem servidas, mas, naquele momento, o restaurante não tinha condições de atender tanta gente – mas o fez muito bem graças aos esforços de Jill. O gerente, sem dar muita importância, ignorou a situação difícil. Então, Jill tomou a iniciativa e acomodou o grupo (o que, na verdade, seria sua função) e rapidamente providenciou tira-gostos e refrigerantes (o que seria a função do gerente). Em seguida, foi para a cozinha e ajudou no preparo dos pedidos de cada um dos clientes (fazendo o trabalho dos garçons). O interessante é que ela conseguiu desempenhar três funções diferentes (da gerência, da cozinha e da equipe de garçons). Ninguém esperava que ela pudesse fazer o que seus superiores e colegas faziam, nem mesmo ela. De qualquer modo, ao se deparar com uma emergência, Jill assumiu todas as tarefas sem pestanejar.

---

[1] Jeff Gordon é um dos principais pilotos de corrida dos Estados Unidos. Começou muito cedo, com apenas cinco anos, e aos seis, em 1979, já havia vencido 35 etapas do campeonato americano. (NT)

Jamie é vendedora de um salão de bronzeamento artificial, e basicamente verifica se todas as cabines estão prontas para serem usadas pelos clientes e tenta vender produtos e suprimentos para bronzeamento. Certo dia, uma cliente regular chegou ao salão e, ao entrar numa cabine de bronzeamento deu-se conta de que havia esquecido sua loção bronzeadora de 60 dólares. Não queria comprar outra, pois tinha acabado de adquirir a sua no salão. Para consertar a situação, Jamie ofereceu à cliente sua própria loção bronzeadora para que a usasse durante aquela sessão. Após o bronzeamento, a cliente agradeceu, dizendo que havia adorado aquela loção. Jamie, então, disse que a cliente podia ficar com ela. Será que ela precisava ter emprestado seu próprio produto à cliente? Precisava ter-lhe dado sua loção de presente? Certamente não, mas Jamie decidiu assim, e deixou a cliente extremamente agradecida e feliz.

DIAGNÓSTICO

O mecânico de avião, o gerente da loja de descontos, a recepcionista do restaurante e a vendedora do salão de bronzeamento fizeram muito mais do que deles era esperado. Pode-se dizer que suas funções não evocam imagens de grandeza, pompa ou *status*. Não obstante, J.B., Rick, Jill e Jamie adotaram um comportamento diferenciado diante dos clientes e de seus empregadores. Para J.B., Rick e Jill a questão fundamental era o tempo e, por isso, agiram prontamente para resolver o problema, a despeito da inconveniência causada em suas vidas. Jamie abriu mão da própria loção bronzeadora, quando poderia ter tentado vender uma amostra à cliente. Esses quatro indivíduos vestiram a camisa e fizeram mais do que lhes era devido, e com resultados positivos.

Por que essas pessoas escolheram tais alternativas? Afinal, nenhum delas precisaria ter feito o que fizeram. Na verdade, todas tentaram resolver o problema para manter a satisfação do cliente – ou até mesmo aumentá-la. Aumentar a satisfação do cliente leva à sua fidelidade. Um cliente satisfeito sempre volta para comprar outros produtos e, quando estão completamente satisfeitos, tornam-se clientes fiéis. Um cliente bem servido é aquele que volta sempre. Serviços de qualidade podem ser gerados por funcionários que fazem além da conta. Muitas empresas se dão conta de que sua razão de ser é a satisfação de seus clientes. J.B., Rick, Jill e Jamie obviamente sabem fazer isto muito bem! A seguir, comentários de alguns de nossos entrevistados que revelam sua motivação:

- "Ficamos até 20h30 de forma a atender os pais que não conseguem sair mais cedo do trabalho para vir conversar conosco a respeito de seus filhos." – professora do ensino fundamental.

- "Nossa missão é cuidar de nossos clientes melhor do que qualquer outra seguradora da cidade. É gostoso poder oferecer um nível diferente de serviço daquele que os clientes normalmente esperam receber." – corretor de seguradora.
- "Tomei a iniciativa e cuidei da minha cliente, afinal, ela é minha cliente." – gerente de departamento de uma grande cadeia de lojas de descontos.
- "Se eu não consertar o avião a tempo, ocorre o efeito dominó. O avião, seus passageiros e tripulantes se atrasam, o que atrasará outros voos durante todo o dia." – J.B., o mecânico de aviões.
- "Gosto de oferecer um serviço, porque quando os clientes usam nossa agência e me conhecem, percebem que sempre vou fazer o melhor que puder por eles." – proprietário de uma agência de empregos.
- "Queremos que os clientes fiquem felizes." – *barman* de hotel.
- "É o certo a fazer, atender o cliente." – gerente de um grande hospital público.
- "Quero que minha cliente se sinta especial sempre." – Jamie, funcionária do salão de bronzeamento.
- "Adoro ver o sorriso de um cliente satisfeito." – caixa de uma cadeia de lojas *fast-food*.

PRESCRIÇÃO PARA GESTORES

A satisfação do cliente é a meta de muitas empresas atualmente. Infelizmente, algumas propagandeiam isto só da boca para fora. Outras, felizmente, fazem isto com toda a alma.

Um modo de gerar um alto nível de satisfação do cliente é por meio das atitudes de funcionários que fazem além da conta. Na medida em que os clientes estão cada vez mais exigentes, essas ações se tornam um fator crítico para os negócios. Como vimos nos casos descritos neste capítulo, funcionários em todos os níveis e posições podem e estão prontos a adotar este comportamento exemplar. Então, o que o gestor pode fazer para perpetuar o mantra da satisfação do cliente entre seus funcionários? Tente o seguinte:

Administrando

- Elabore um programa de incentivo para recompensar os funcionários que adotam o comportamento extraordinário de satisfazer os clientes.
- Autorize os funcionários a tomar iniciativas que ofereçam um alto nível de serviços. Permita que tomem iniciativas para agir conforme os recursos da organização.

- Pergunte aos funcionários o que os deixa satisfeitos como clientes. Depois, diga-lhes que essas atitudes provocarão o mesmo impacto em seus próprios clientes.

Retendo

- Instrua os funcionários a respeito da importância de gerar satisfação ao cliente e o papel crucial que eles desempenham para atingir tal objetivo. Dê exemplos de como serviços de alto nível conseguem não só manter como conquistar novos clientes.

capítulo 11

Inversão de papéis e a cultura organizacional: uma imagem vale por mil palavras

◇◇

"No teatro três coisas são necessárias – a peça, os atores e o público; cada uma das partes deve oferecer algo."
– **Kenneth Haigh**

Lupe é uma atendente em uma cooperativa de crédito e está prestes a encerrar o expediente, às 17h45, bem depois de seu horário de saída, que é 17h. Aproxima-se um cliente da janela do *drive-thru*, para o carro e não vai embora. Pelo microfone, Lupe lhe pergunta o que deseja e o cliente diz que precisa tirar 500 dólares de sua conta para pagar a fiança de seu filho que foi preso. Lupe poderia ter pedido ao senhor que se dirigisse a outra agência aberta, mas preferiu ficar mais um pouco e atendê-lo. Abriu novamente as gavetas, processou o pedido e entregou os 500 dólares que o cliente pediu. Lupe não precisaria ter agido deste modo, mas assim o fez para satisfazer mais um cliente e somar mais uma transação para a cooperativa.

Iris é caixa na cabine de *drive-thru* de uma cadeia de *fast-food* e, de repente, ouve um tumulto do lado de fora. Os clientes que chegam não estão sendo atendidos, por isso começam a buzinar insistentemente. A fila aumenta mais e mais e o barulho também. Subitamente, Iris percebe que o alto-falante da cabine não está funcionando, por isso os pedidos dos clientes não chegam ao atendente para repassá-los à cozinha. Ela aproveitou a oportunidade, e saiu debaixo de chuva para anotar os pedidos dos clientes. Em seguida, correu ao restaurante e levou os pedidos para a cozinha. A garota fez tudo isso para a fila de automóveis não parar. Na verdade, Iris viu o problema e tomou a iniciativa de resolvê-lo, embora não tivesse nenhuma obrigação, especialmente debaixo de um temporal.

Joel é farmacêutico e diretor de serviços clínicos de uma pequena farmácia familiar. Essa farmácia, ao contrário dos grandes concorrentes, fica aberta apenas durante o horário comercial, das 9h às 17h, de segunda a sexta-feira, e das 9h ao meio-dia no sábado. Para concorrer com as grandes da região, o patrão de Joel usa o serviço de recados via *pager* para atender qualquer emergência de seus clientes. É muito raro, porém, o sistema ser acionado. Certo sábado à noite, 23h, Joel estava indo dormir quando o alarme do *pager* tocou. Ainda sonolento, ele atendeu e ficou sabendo que uma pessoa está no pronto-socorro e precisa de medicação com urgência. Sem titubear, ele correu até a farmácia, preencheu os formulários, discutiu a prescrição com a cliente e a preparou. Logo a cliente veio buscar o remédio, e ele só conseguiu chegar em casa novamente bem depois da meia-noite. Ele poderia ter ignorado o alarme e ido dormir. A cliente jamais saberia se o sinal tinha sido recebido, tampouco seu patrão. Contudo, Joel não fugiu à responsabilidade para com a farmácia e o cliente.

Duane é treinador de uma equipe juvenil de basquete em uma temporada de oito jogos. Ele precisa treinar a equipe por uma hora, uma vez por semana (geralmente à noite) para jogar uma partida a cada sábado. Basicamente, sua função é ensinar os garotos da terceira e quarta séries os fundamentos do esporte: como jogar e executar manobras e jogadas. O último treino da temporada o preocupava muito. Certo dia, ao concluir suas atividades, Duane percebeu que o treinador da outra equipe tinha faltado. Em vez de ir embora, decidiu ajudar os garotos e treiná-los, substituindo o amigo. E fez exatamente como fazia com a própria equipe, forçando-os a jogar em pares e orientando-os sobre como se posicionar em várias situações. Depois do treino, todos o agradeceram e, sempre que o viam, cumprimentavam-no alegremente. Daquele dia em diante, era sempre uma festa quando se encontravam.

DIAGNÓSTICO

A funcionária da cooperativa de crédito, a caixa da cadeia de *fast-food*, o farmacêutico e o jovem técnico de basquete tomaram atitudes que não eram esperadas deles; os quatro enfrentaram situações completamente diferentes que poderiam ser irritantes para outras pessoas, mas cada um deles identificou um problema e buscou a ação para corrigi-lo, quando poderiam simplesmente ter cuidado das próprias vidas. Lupe, Iris, Joel e Duane fizeram um esforço extra quando não precisavam, e ignorar o incidente não lhes traria nenhuma consequência negativa. Além disso, nem os clientes nem seus superiores jamais saberiam o que aconteceu.

O que motivou esses quatro indivíduos a agir e resolver um problema que não lhes competia no cargo que ocupavam? A resposta está na inversão de papéis e na cultura organizacional. No caso de Lupe, Iris e Joel, provavelmente seus superiores já haviam dado exemplos de fazer mais que o devido pelos clientes. As empresas que tratam os clientes como alguém da família, às vezes fazem mais do que precisam por eles (tal como os pais fazem pelos filhos). Duane queria dar o exemplo de fazer um pouco mais que o dever, tanto para a própria equipe como para a outra – demonstrando assim que de vez em quando alguém precisa fazer alguma coisa a mais para ajudar os outros. Afinal, os garotos eram bastante influenciáveis, e por que não impressioná-los com uma lição que excede o treino de basquete? As empresas com um sistema de valores que estimula o esforço extra tendem a colocar em prática esses ensinamentos em todos os níveis. Por quê? Porque esse tipo de comportamento é exemplo para seus funcionários e acaba por filtrar o quadro de colaboradores. Esta crença está arraigada em muitos de nossos entrevistados, conforme as declarações a seguir:

- "Nossos gerentes sempre têm e incentivam este tipo de comportamento." – Iris, a caixa da cadeia de *fast-food*.
- "Eu sou gerente e, portanto, preciso estimular esse comportamento em meus funcionários." – gerente geral de academia de ginástica.
- "Quero exercer uma influência positiva. Quero que os professores e os funcionários saibam que sou um bom diretor." – ministro de educação de uma escola dominical.
- "Eu respeito meu chefe e sei que ele trabalha muito." – gerente de pizzaria.
- "Acreditamos que aqui você não é um cliente, mas um membro, um associado, e a diretoria faz questão disto." – Lupe, funcionária da cooperativa de crédito.
- "A gerência tem padrões de desempenho realmente elevados, somos muito expostos. Esta é uma atitude da qual temos orgulho." – motorista de uma grande multinacional de entregas.
- "Um dia, quando tiver minha própria farmácia, quero seguir o exemplo do meu patrão." – Joel, o farmacêutico.

- "Queria mostrar às crianças que eu estava acessível para que elas também estivessem acessíveis." – Duane, o treinador de basquete.

PRESCRIÇÃO PARA GESTORES

A inversão de papéis demonstrou ser um método eficiente para mudar o comportamento dos funcionários (ou continuar com o comportamento). Também é um modo de fazer com que seus funcionários "adotem" o sistema de valores da sua empresa. Se os funcionários acreditarem que a diretoria faz aquilo que prega, sem dúvida vão seguir seus exemplos. Além disso, uma cultura empresarial que seja favorável e permeie todos os níveis da organização (de cima abaixo) pode levar os funcionários a internalizar esta cultura. Os exemplos acima e as declarações dos entrevistados ilustram o que a gerência pode fazer por meio da inversão de papéis e da cultura organizacional para levar seus funcionários a se excederem em suas funções, e fazer mais do que lhes é esperado. Como conseguir isto? Tente o seguinte:

Administrando

- Demonstre regularmente, pela inversão de papéis, que tipo de comportamento você quer que seus funcionários apresentem: "Se você mostrar a eles, eles farão igual".
- Atribua um mentor a cada funcionário novo para ajudar esses indivíduos a se adaptarem ao comportamento desejado.
- Não ensine seus funcionários só da boca para fora. Eles logo percebem quem faz e quem não faz o que diz e rapidamente rejeitam a orientação.
- Lembre-se: evite o modelo de comportamentos impróprios, pois os funcionários tendem a adotá-los rapidamente (por exemplo, "nossa, se meu chefe grita com os clientes, acho que também posso fazer isto de vez em quando").

Retendo

- Nunca pratique o "faça o que eu digo, mas não faça o que eu faço". Os funcionários ignoram isto rapidamente. Afinal, por que deveriam fazer algo diferente só porque você é o chefe? Não deveriam, e não o farão.

capítulo 12

Reconhecimento: "Muito bem!"

◇◇◇

"A glória é fugaz, mas a obscuridade é para sempre."
– **Napoleão Bonaparte**

Keith trabalha numa empresa de gerenciamento de lixo ambiental que remove resíduos tóxicos e não tóxicos, executa a limpeza de laboratórios de metanfetamina e elimina chumbo e amianto. Certo dia, sua função era limpar um tanque de combustível no subsolo de um posto de gasolina. Infelizmente, a empresa não tinha o equipamento para subida e descida com o qual deveria realizar o trabalho. Além disso, os gases em volta de Keith provocavam tontura, e o resíduo do tanque poderia atingir sua pele, a menos que fosse extremamente cuidadoso. Por não ter os equipamentos necessários, ele poderia ter se recusado a fazer o trabalho e, na verdade, a gerência avisa os funcionários que eles podem recusar qualquer trabalho caso represente algum dano à sua saúde. Não obstante, Keith entrou no tanque e o limpou, sem nenhum incidente, deixando seu chefe e seu cliente muito felizes.

Karen é coordenadora de suporte de propostas de um fabricante de impressoras, e sua função compreende redigir e responder RFPs.[1] Numa segunda-feira, por volta do meio-dia Karen recebeu um RFP com data de vencimento para sexta-feira ao meio-dia, ou seja, dali a quatro dias. O chefe de Karen quis saber se ela teria tempo de responder ao RFP e elaborar a proposta de 50 páginas até o dia do vencimento. Karen estava com outras cinco propostas para fazer e,

---

[1] RFP é o convite enviado a um grupo de fornecedores para apresentarem propostas de venda de produtos ou serviços. (NT)

embora não pudesse deixar de concluir nenhuma delas, aceitou mais esta responsabilidade. A pergunta que Karen se fez é de que modo iria executar todo aquele trabalho. Tomou a decisão de terminar as outras propostas primeiro para depois trabalhar na proposta que venceria na sexta-feira. Infelizmente, o volume de trabalho era tão grande que ela só conseguiu terminar as primeiras propostas na quarta-feira à noite, o que lhe dava apenas quinta-feira e a manhã de sexta-feira para terminar tudo. O que fazer? Sem entrar em pânico, passou toda a quinta-feira fazendo o RFP, saiu para sua aula de pós-graduação na faculdade, e voltou para terminar a concorrência por volta de 23h. No dia seguinte, chegou ao trabalho às 04h30 e terminou o serviço no prazo, ou seja, ao meio-dia, conforme disse que faria.

Greg é gerente de recrutamento de uma grande cadeia regional de lojas de descontos, e um dia se viu diante de uma questão assombrosa. A empresa estava para abrir simultaneamente quatro novas lojas em uma grande região metropolitana e, por isso, ele precisava recrutar 160 pessoas para preencher os cargos de liderança (40 gerentes por loja) antes das inaugurações. Normalmente, Greg delegava este tipo de trabalho para os oito especialistas que trabalhavam com ele, e só participava no final do processo, no momento de contratar ou não as pessoas. Desta vez, contudo, resolveu fazer o recrutamento por conta própria – o que não fazia parte de suas funções. Foi a campo para ver onde as lojas seriam abertas e fez uma análise da concorrência para verificar a eficiência de seus colaboradores, pois esperava recrutar alguns daqueles funcionários talentosos como líderes das suas equipes. Organizou também eventos sobre oportunidades de emprego junto às faculdades locais e entrou em contato com algumas agências de recrutamento da cidade. Passava a maior parte do tempo conversando com gerentes, subgerentes e gerentes de departamentos de lojas, concorrentes ou não. Isto lhe ofereceu uma noção clara do novo mercado, bem como do potencial dos indivíduos para cargos de liderança. Finalmente, conseguiu contratar todos os cargos de liderança de que precisava e as lojas foram inauguradas com todos os funcionários a postos, com festa e muito sucesso.

Bárbara trabalhava sob muita pressão na condição de secretária executiva de uma universidade. Normalmente, fazia todos os contatos da faculdade junto aos professores, professores e instrutores adjuntos e outros funcionários da equipe. Além disso, atendia aos telefonemas do presidente. Também era responsável pela realização de um evento de gala – com recepção e jantar – aos mantenedores da faculdade, evento este planejado há muito tempo. No dia da sua realização, o pessoal da manutenção deveria limpar e arrumar a sala para a recepção e o jantar. Para seu espanto, a maioria dos funcionários da limpeza estavam de folga naquele dia.

O evento seria realizado em um local recém-construído, ainda cheio de sujeira e poeira por todos os cantos. Sem hesitar, Bárbara pegou o aspirador e limpou tudo até ficar perfeito. Além disso, faltando apenas duas horas para o evento, ela percebeu que os crachás dos convidados não estavam nas mesas em que deveriam se sentar. Correu para o escritório, digitou e imprimiu tudo. Quando voltou ao salão, viu que o champanhe ainda não fora servido, pois os garçons não estavam trabalhando direito. Abriu todas as garrafas e colocou o champanhe nas taças. Finalmente, conseguiu fazer tudo minutos antes de os convidados começarem a chegar!

DIAGNÓSTICO

Keith, Karen, Greg e Bárbara tiveram que tomar grandes decisões em seus trabalhos. Deviam ou não assumir esta responsabilidade, a despeito das consequências, ou passar o problema adiante? Todos optaram por aceitar o desafio, mesmo com todas as inconveniências (no caso de Keith, perigo de vida). Outras pessoas poderiam ter se intimidado diante da situação, mas eles aproveitaram a "oportunidade".

Os quatro indivíduos acima, bem como inúmeros outros entrevistados, assumiram uma responsabilidade maior para que fossem reconhecidos por seus superiores e colegas, e também para estimular este tipo de percepção entre eles. Reconhecimento e elogios são uma declaração pública sobre um serviço bem-feito. É uma recompensa externa que distingue os funcionários exemplares dos demais. Sejam esses comentários feitos pelos superiores, por colegas ou por clientes, o resultado final é uma distinção para as pessoas que aproveitaram o momento para fazer algo que outros poderiam ter se recusado, e dessa forma, sentir-se bem com o que fizeram. Keith, Greg, Karen e Bárbara obtiveram reconhecimento, direta ou indiretamente, de alguma forma por seus esforços meritórios, que foram a maior motivação por suas atitudes. Abaixo, comentários dos entrevistados e o impacto que o reconhecimento pode exercer no desempenho de um cargo:

- "Tudo que faço uma hora volta para mim, pois sei que estou trabalhando direito." – Bárbara, a secretária executiva da universidade.
- "Posso mostrar para as pessoas à minha volta, e talvez até para meu chefe, que meu desempenho é o máximo." – segundo-tenente da Guarda Nacional.

- "Fazer mais que o devido mostra que tipo de pessoa você é." – gerente de vendas, empresa de petróleo.
- "Gosto de ouvir os comentários e os elogios, principalmente das pessoas para quem dou meu apoio." – Greg, gerente de recrutamento da cadeia de lojas de descontos.
- "Gosto de ser reconhecida pelo meu trabalho bem-feito." – Karen, a coordenadora de RFP.
- "Trabalhando mais fico melhor e minha empresa também." – estagiário de atendimento, agência de propaganda.
- "Quero fazer o melhor e ser notado pela chefia." – especialista em suporte de tecnologia da informação de livraria da faculdade.
- "Quero ser visto por todas as pessoas em todos os turnos." – gerente geral do *call center* de uma corretora multinacional.
- "Sou reconhecido quando faço isto." – gerente de recursos humanos de cadeia multinacional de brinquedos.

PRESCRIÇÃO PARA GESTORES

O reconhecimento é um poderoso motivador. Perceba como as pessoas deste capítulo não hesitaram em assumir a tarefa extra e assim agiram para ser reconhecidos por seus chefes e colegas. Uma das maneiras mais baratas de motivar funcionários a fazer mais do que o que lhes é devido é lhes dar parabéns, elogiá-los, reconhecer seu esforço. Pense em como você se sente quando recebe elogios de alguém. Bem, não é? O mesmo ocorre com seus funcionários. De quanto tempo você precisa para dar um tapinha nas costas, mandar um e-mail ou uma cartinha de agradecimento pelo esforço empreendido, ligar para a pessoa e dizer-lhe que fez um bom trabalho, ou uma nota no jornalzinho da empresa comentando o desempenho extraordinário daquele funcionário? Não muito, não é? Então, o que o gestor deve fazer ao usar o reconhecimento? Tente o seguinte:

Recrutando

- Verifique se no currículo há alguma evidência de reconhecimento (prêmios, realizações, distinções).

Administrando

- Elogie em público e critique a sós. O reconhecimento deve ser visível aos outros para que o funcionário elogiado se sinta único e também para que os outros se sintam motivados a fazer o mesmo.

- Tão logo tome conhecimento do esforço extra de algum funcionário, reconheça rapidamente o feito para que ele se sinta bem. Quanto mais cedo o reconhecimento após o esforço realizado, maior será a motivação do funcionário.
- Não use o reconhecimento indiscriminadamente. Se você elogia os funcionários a todo momento por pequenas coisas, eles poderão não se sentir especiais quando forem reconhecidos por algo importante.

Retendo

- Lembre-se de que o reconhecimento é um prêmio, e como tal deve ser utilizado para criar uma distinção entre funcionários que realizaram um trabalho superlativo (ou seja, os que se destacaram por fazer mais do que o devido) e os outros com desempenho apenas aceitável.

capítulo 13

Promoção:
Abrindo as portas para o nirvana

"Vejam a tartaruga, que só avança quando põe o pescoço para fora."
– **James Conan Bryant**

Catie é uma dentre vários assistentes de projetos em um grande escritório de advocacia com filiais em inúmeras cidades. Seu sonho é um dia se tornar advogada, mas por enquanto está satisfeita com o trabalho. Certo dia, precisava atingir um objetivo determinado, avançando em um projeto cuja data limite estava próxima. Como se sabe, até os melhores planos podem falhar. Aparentemente, nem todos os assistentes de projetos tinham o talento de Catie que, ao chegar ao trabalho, recebeu de seu chefe cinco projetos há muito tempo negligenciados por outros assistentes, que demoraram muito para completar, e até mesmo começar. Ela poderia ter dito ao chefe que estava atolada com outros trabalhos, especialmente com um, cujo prazo venceria em poucos dias. Em vez de recusar o trabalho extra, Catie assumiu mais esta responsabilidade e, consequentemente, está trabalhando direto até tarde da noite todos os dias e também nos fins de semana.

Tito quer ser corretor de ações, e atualmente trabalha como estagiário de uma corretora. Certo dia, seu supervisor decidiu sair mais cedo para ir jogar golfe. Antes de sair, porém, orientou Tito para atender seu telefone e dizer que só estaria no escritório no dia seguinte. Logo após o chefe sair, o telefone tocou e, imediatamente, Tito viu-se diante de um problema. Um dos clientes de seu chefe queria comprar uma determinada ação imediatamente, e tempo era uma questão crucial. Ocorre que Tito não tinha licença de corretor e não podia fazer a operação, embora soubesse exatamente o que fazer. Sem perder a calma, Tito decidiu pedir a outro corretor da firma para fazer a operação por ele. Abordou um dos corretores amigo de seu chefe e explicou a situação, e rapidamente a compra foi realizada. Como resultado, o cliente conseguiu comprar a ação por um bom preço e seu chefe ganhou uma comissão de mil dólares pela transação. Nada mal para quem não podia fazer o negócio!

Sherri trabalha no controle de qualidade da cozinha de um restaurante popular. Basicamente, sua função é colocar os pratos nas bandejas para os atendentes. Ela gostaria de ser promovida no restaurante, mas agora precisa aprender as várias operações do negócio. Por conta disso, Sherri faz muitas coisas diferentes durante o expediente, muitas das quais não fazem parte do seu cargo. Às vezes, por exemplo, ela examina de perto a limpeza dos pratos e garante que a quantidade adequada de alimento seja colocada neles. Também coloca os pratos nas bandejas para que os atendentes não se desequilibrem. Além disso, esmera-se para que a aparência de cada prato servido aos clientes esteja esteticamente correto. Embora não saiba cozinhar, seu toque especial facilita o trabalho dos chefes e dos garçons.

Steve trabalha na arrumação de banquetes do restaurante de uma pista de corridas. Sua função consiste em arrumar as mesas e cadeiras para os grupos de pessoas que fazem refeição nos salões do restaurante. Uma vez, seu chefe agendou por acaso uma festa para a sexta-feira à noite e uma grande recepção de casamento para a manhã seguinte, no sábado. O problema para o chefe de Steve era que eles levariam muitas horas para arrumar as 800 mesas e cadeiras da festa de sexta-feira e deixar tudo pronto para a recepção do casamento no sábado. O chefe pensou até em cancelar a festa da sexta-feira, o que significaria um prejuízo grande para seus próprios superiores. Em vez disso, Steve se prontificou a chegar à uma da manhã do sábado para arrumar tudo para a recepção daquela manhã. Além disso, contou com a ajuda de um colega, e os dois trabalharam duro até as 7h30, ou seja, duas horas antes de o evento começar.

DIAGNÓSTICO

Catie, Tito, Sherri e Steve fizeram mais do que deveriam, quer a questão seja assumir mais projetos para finalizar, tentar executar uma compra de ações, fazer mais do que apenas colocar os pratos em bandejas ou se prontificar para arrumar um salão de banquetes durante a madrugada. Cada um desses funcionários assumiu muito mais trabalho do que suas funções exigiam. Catie poderia ter se recusado a fazer o novo projeto. Tito poderia optar por informar o cliente que a operação só poderia ser realizada no dia seguinte, com a volta do chefe. Sherri poderia ter feito apenas o trabalho para o qual fora contratada, e Steve não precisava ter se oferecido para trabalhar durante a noite. A motivação subjacente a este grupo de pessoas, bem como alguns de outros entrevistados, é a vontade de serem promovidos em suas respectivas empresas.

Os indivíduos são movidos por diferentes prêmios. Um grande fator impulsionador para muitos funcionários é a oportunidade de promoção. Uma promoção indica que o funcionário está realizando bem seu trabalho. Significa também que ele está pronto para assumir responsabilidades maiores, o que é bastante claro para a organização, especialmente aos olhos dos colegas e superiores. Fazer mais do que o necessário demonstra que os funcionários trabalham em equipe e que desejam fazer mais do que lhes é pedido. Isto também é sinal de que dispõem da energia e do desejo de se exceder em suas funções. Tais esforços indicam que essas pessoas podem assumir mais deveres, e que são capazes de fazer mais e mais. É para isto que serve a promoção. As palavras dos nossos aspirantes, bem como a de outros entrevistados, sugerem que tudo o que fizeram foi conduzido pelo desejo de ganhar uma promoção:

- "Eu trabalho muito para a empresa, e se eu for alguém em quem eles confiam, então posso subir. Talvez me mandem estudar direito e com o tempo viro sócia da firma." – Catie, assistente de projetos do escritório de advocacia.
- "Meu esforço ficou evidente aos olhos da gerência, o que, em última análise, me possibilitará subir na empresa." – gerente de filial da divisão financeira de um grande banco multinacional.
- "Queria mostrar meu potencial para que eles (a diretoria) confiassem em mim. Pessoas que se dedicam ao trabalho são as que vão para a frente." – desenhista de uma firma de engenharia.
- "Queria impressionar meu chefe para conseguir um emprego fixo na corretora." – Tito, o estagiário da corretora de valores.
- "Minha motivação maior é progredir." – Sherri, funcionária do controle de qualidade de restaurante.
- "Tudo isso vai me ajudar a ser promovido." – Steve, funcionário do salão de banquetes.

PRESCRIÇÃO PARA GESTORES

Subir na empresa não é para todos os funcionários. Alguns simplesmente não possuem aquele "algo a mais" para ser promovidos. Mas os que têm geralmente são os que percorrem o caminho mais difícil, diferente de seus colegas. Esses indivíduos assumem responsabilidades quando não precisam fazê-lo, e com isso mostram a seus superiores que o cargo atual não exige deles o suficiente, e que merecem uma promoção. Eles demonstram um desejo de atingir o próprio potencial e serem reconhecidos por meio de uma promoção. Então, o que se pode fazer para obter esforço extra dos funcionários que desejam uma promoção? Tente o seguinte:

Administrando

- Defina claramente os critérios de promoção a todos os funcionários. Esses critérios deverão ser objetivos e mensuráveis, e não sujeitos aos caprichos dos chefes. Dê exemplos para que os funcionários saibam o que fazer para ser promovidos.
- Sempre que houver alguma promoção, divulgue o fato em toda a empresa e descreva os tipos de comportamentos e atitudes que esses funcionários exibiram para obter a promoção.
- Ofereça um bom treinamento aos funcionários, antes e depois da promoção. Incentive os promovidos a continuar demonstrando as atitudes que os levaram à promoção.

Retendo

- Ofereça muitas alternativas de promoções, mesmo que sejam horizontais, proporcionando aumento de responsabilidades.

capítulo 14

Remuneração:
"E aí, tem um trocado pra mim?"

"Dinheiro não é tudo – mas está bastante na frente daquilo que vem em segundo lugar."
– **Edmund Stockdale**

Kevin trabalha para uma companhia de transportes que executa serviços de embalagem e expedição. Sua função é empacotar os produtos que estão prontos para ser despachados. Kevin tinha terminado seu turno às 17h e estava pronto para ir para casa, descansar após um dia longo e cansativo com muito trabalho empacotando objetos para uma grande mudança. Estava de saída quando seu chefe o chamou e perguntou se poderia fazer mais um carregamento naquela noite. Um caminhão havia acabado de chegar para fazer uma mudança familiar, e o pessoal da embalagem havia "pisado na bola", por isso era preciso fazer empacotamento. Aquele contrato valia muito dinheiro para a firma de Kevin, que pensou em achar alguém disponível para liberá-lo de tal tarefa, porque estava muito cansado. Vários outros rapazes estavam disponíveis, mas, mesmo assim, Kevin decidiu aceitar o trabalho.

Sven é gerente de vendas de materiais e de tráfego em uma grande fabricante multinacional de produtos de refrigeração. Ele acabara de assumir o novo cargo, como promoção, e decidiu entrevistar os funcionários e pedir-lhes para dar ideias e identificar áreas onde o serviço pudesse ser melhorado, e, assim, fazer uma redução de custos para a empresa. Um de seus funcionários sugeriu a Sven que o manejo dos materiais da fábrica deveria ser computadorizado. Ele achou a ideia ótima e requisitou ao departamento de sistemas para implementá-la. Contudo, o departamento rejeitou seu pedido, informando simplesmente que eles não acreditavam que o sistema pudesse ser computadorizado. Irritado, Sven decidiu fazer a programação do sistema por conta própria no seu computador, em casa (sua experiência anterior dizia que a computadorização era possível). Começou a programar na primeira semana de outubro e trabalhou nisso durante o mês todo, nos feriados de Ação de Graças e do Natal. No dia 1º de janeiro, o sistema estava pronto para funcionar, e funcionou perfeitamente, reduzindo um custo considerável para a empresa.

Debbie é corretora de imóveis assistente, licenciada de uma imobiliária local. Tecnicamente, ela trabalha como suporte, e já ocupou várias vezes este cargo. Contudo, faz muitas outras coisas que não são de sua responsabilidade. Com frequência vai para um imóvel vazio esperar o técnico da empresa telefônica ou a firma que vai instalar o carpete, porque os novos moradores não podem fazê-lo. Já trabalhou muito depois do horário de saída para dar um jeito nos computadores da firma. Além disso, a qualquer hora o chefe a chama para ir levar contratos em qualquer parte da cidade e a qualquer hora. Vira e mexe o chefe lhe pede para trabalhar aos domingos também. Tudo isso demonstra o esforço de Debbie para fazer seu trabalho sempre da melhor forma, algo que não precisaria fazer.

Amy é vice-diretora de uma organização de assistência social e tem muitas responsabilidades que a ocupam o dia todo. Um evento para arrecadar fundos está para acontecer em dez dias, e muita coisa ainda precisa ser feita. A colega de Amy estava cuidando deste evento quando, subitamente, informou que estava indo embora, o que deixou Amy muito preocupada: "Como finalizar este evento de arrecadação de fundos? Quem vai fazer o que está faltando? Minha colega era quem sabia tudo a respeito. Não posso pedir para alguém finalizar o planejamento deste evento". Embora estivesse lotada de trabalho, Amy decidiu assumir mais esta responsabilidade e terminar a tarefa de sua ex-colega. Trabalhou demais, mas conseguiu que o evento fosse um sucesso, tudo isso sem deixar de fazer suas outras tarefas.

DIAGNÓSTICO

Kevin, Sven, Debbie e Amy – quatro indivíduos realizando trabalhos completamente diferentes – tiveram que tomar decisões quanto a como gastar o tempo. Kevin decidiu deixar o descanso para o dia seguinte após o serviço. Sven não aceitou a negativa do outro departamento e passou vários meses, usando seu tempo pessoal, para melhorar o desempenho da firma. Debbie demonstra o tempo todo que é "pau para toda obra", e Amy assumiu uma tarefa quando poderia tê-la passado para outro funcionário. Nem todo mundo faria o que eles fizeram. Certamente, havia alternativas disponíveis. Contudo, cada um deles se dispôs a fazer muito mais do que lhes foi solicitado porque tinham a motivação do *dinheiro*.

Dinheiro não é necessariamente um fator impulsionador para todas as pessoas (a despeito do que pensam alguns gestores). Para alguns funcionários, dinheiro é bom, mas não é tudo – nem mesmo no emprego. De qualquer modo, muitos funcionários têm vontade de ganhar algum dinheiro a mais quando as condições são favoráveis. Fazer mais do que é devido e ser recompensado por isso é altamente motivador – é o prêmio por um comportamento meritório no trabalho. Os casos acima sugerem, então, que a recompensa financeira pode induzir o indivíduo a fazer mais do que deve. Abaixo, algumas declarações dos entrevistados a este respeito:

- "Se eu fizer mais do que o meu trabalho, então meu chefe vai ficar satisfeito e me dar um aumento." – Kevin, o empacotador da empresa de transportes.
- "Nosso sistema de bônus tem como base o conceito de esforço extra, de ir além dos limites do cargo." – Amy, a vice-diretora.
- "Dou o máximo de mim porque sou muito bem pago." – operador de máquina em companhia de mineração de carvão.
- "Dinheiro é a cobertura do bolo"' – Sven, gerente de vendas e tráfego.
- "Meu chefe estabeleceu um sistema de bônus com base no resultado das vendas; isto me faz trabalhar muito mais." – Debbie, a assistente de corretora de imóveis.
- "Quanto mais você ajuda, mais isso ajuda a aumentar seu salário." – gerente de academia de ginástica.
- "Ao final de cada ano, você recebe uma nota pelo desempenho e os bônus são concedidos conforme esta nota" – gerente de vendas de cooperativa agrícola.

PRESCRIÇÃO PARA GESTORES

Funcionários em geral querem ser recompensados pelo esforço em seus cargos (ou, pelo menos, pensam assim). Isto é particularmente crítico quando alguns funcionários fizeram mais do que deveriam, se esforçaram além da conta, muito além do dever. Alocar verba para essas recompensas exige que o gestor seja parte "mágico" e parte "o rei Salomão". Uma vez que a recompensa monetária estimula um melhor desempenho, os gestores podem usar o dinheiro para incentivar seus funcionários a fazerem o que muitos outros não fazem. Como conseguir isto? Tente o seguinte:

Administrando

- Durante a avaliação dos desempenhos, pergunte aos funcionários o que eles fizeram que estivesse além das especificações normais de seus cargos. Pergunte também por que o fizeram. Esta informação pode ser utilizada para recompensar aqueles com desempenho extraordinário.
- Pergunte aos funcionários que tipo de comportamento eles acham que merece um incentivo monetário – depois recompense aqueles que você *e eles* acham que merecem esse prêmio em dinheiro.
- Diga aos funcionários de que modo eles podem ganhar mais assumindo mais tarefas, indo além do dever.
- Identifique para os funcionários os tipos de "esforço extra" recompensados no passado e que podem ser recompensados no futuro.

Retendo

- Defina um sistema de compensação que premie os esforços extras de seus funcionários.

capítulo 15

Aproveite a vida: Vá à luta!

"Urge, portanto, aproveitar o curso da corrente, ou perder nossas vantagens."
– **William Shakespeare**

E aí está. Sua jornada chegou ao fim. Agora você sabe que nossa pesquisa mostra que indivíduos em *todos* os níveis em *praticamente todos* os tipos de empresas, de *todos* os tamanhos, podem aproveitar uma oportunidade quando as circunstâncias assim a apresentarem. Agora você sabe o que é "aquilo" quando o vê. "Aquilo" é quando se faz além do que é devido, em vez de realizar suas funções no patamar mínimo aceitável. Há um denominador comum em todas as experiências que relatamos aqui: os empregados *optaram* por agir daquela maneira. Não precisavam, mas foi o que fizeram. E o fizeram por várias razões – criação, orgulho profissional, satisfação do cliente, e assim por diante –, mas ninguém os pressionou ou intimidou. Cada entrevistado optou por dizer "sim" ao trabalho e ao esforço extra. A Tabela 15-1 mostra o que a pesquisa revelou – os 13 fatores motivadores que impulsionam as pessoas a fazer mais do que lhes é solicitado, dar mais de si, se esforçar mais.

Tabela 15-1 Por que funcionários fazem mais do que devem?

1. **Motivação interna:** alguns funcionários têm maior necessidade de realização. São pessoas simplesmente altamente motivadas a sempre criar situações de ganho.

2. **Iniciativa:** fazer mais do que o solicitado faz essas pessoas se sentirem bem. São funcionários que não esperam instruções para agir.

3. **Criação:** ver e ouvir o que dizem os pais e os mestres cria um padrão para a vida. Indivíduos que viram os pais se excederem em suas tarefas tendem a fazer o mesmo.

4. **Autossatisfação:** alguns funcionários sentem-se extremamente orgulhosos de suas realizações. O orgulho pode energizar as pessoas a se excederem, e fazer mais do que o solicitado.

5. **Empatia:** compreender o que é estar do outro lado pode motivar as pessoas a agir. Esses funcionários passaram pelas mesmas situações que os clientes e não gostaram.

6. **Preocupação:** sentir obrigação para com os outros pode levar alguns indivíduos a despender esforço adicional. Esses funcionários preocupam-se muito com as pessoas em geral.

7. **Reciprocidade:** funcionários que se sentem bem tratados por seus empregadores geralmente se esforçam mais, fazem mais de modo a "retribuir" a gentileza às suas empresas.

8. **Retenção do cliente e promoção de novos negócios:** alguns funcionários transcendem as especificações de seus cargos porque compreendem a importância de reter o consumidor e de conquistar novos negócios.

9. **Satisfação do cliente:** manter a satisfação do cliente contribui para consolidar uma base sólida de clientes. O esforço adicional por parte desses funcionários é um empurrão para conquistar a satisfação do cliente. Esses funcionários sabem que clientes satisfeitos voltam e divulgam para os outros.

10. **Inversão de papéis e a cultura organizacional:** empresas com a filosofia do esforço extra demonstram isto em suas práticas. Funcionários dessas organizações imitam o comportamento que veem nos outros.

11. **Reconhecimento:** reconhecimento, elogios e cumprimentos motivam os funcionários a se esforçarem mais. E esses funcionários se preocupam em causar boa impressão às outras pessoas dentro da empresa.

12. **Promoção:** a oportunidade de promoção motiva qualquer funcionário a assumir mais responsabilidades quando necessário. Esse comportamento indica à chefia que esses indivíduos estão preparados para um cargo com mais responsabilidades.

13. **Remuneração:** finalmente, alguns funcionários fazem mais do que devem na esperança de receber uma compensação monetária de suas empresas.

Certamente as pessoas tomam as próprias decisões para ir ou não além do dever. De qualquer modo, a gerência pode influenciar seus funcionários a agir desta forma. Os gestores têm basicamente duas abordagens interligadas para promover a mentalidade do "esforço adicional" em suas empresas: podem trazer para a organização indivíduos que já possuem essas características, e podem dar vida a esses fatores motivadores. Como implementar estas abordagens? Por meio de seis caminhos diferentes:

1. *Recrutamento*: os gestores devem contratar indivíduos que possuam, pelo menos, um dos treze fatores motivadores. Existem várias alternativas para identificar se os candidatos apresentam um deles.
2. *Treinamento:* vários desses fatores podem ser estimulados ou enfatizados nos funcionários por meio de intervenções. Alguns fatores podem ser inculcados nos funcionários através da inversão de papéis, discussões em grupo, e assim por diante.
3. *Descrição do cargo*: a forma como um cargo é projetado pode influenciar a forma como os funcionários realizam suas funções. Os gestores podem oferecer cargos com determinadas característica que neles podem ativar certos motivadores.
4. *Interação com o gestor*: a maneira como os gestores interagem com seus funcionários pode contribuir para que estes sejam influenciados por determinados fatores motivadores. Dessa forma, a natureza do contato que os gestores têm com seus funcionários irá afetar em sua decisão de fazer mais do que seus cargos exigem.
5. **Políticas organizacionais**: as empresas dispõem de meios para incentivar seus funcionários a fazer mais do que o necessário. A existência (ou ausência) de algumas políticas pode facilitar a emergência de alguns dos treze fatores motivadores em seus funcionários.
6. **Filosofia/indução**: a gerência pode tomar medidas para estimular certas crenças ou preceitos que permeiam a organização. Por meio dessas ações, os gestores podem despertar ou ressaltar um ou mais fatores motivadores em seus funcionários.

Assim, basicamente, os gestores podem criar a cultura "certa" pela qual os funcionários serão energizados e motivados a ir além do dever. A Tabela 15-2 mostra quais das seis ações anteriores podem estimular fatores motivadores específicos nos funcionários. Além disso, os gestores podem tomar ações específicas *vis-à-vis* onde um determinado fator será fornecido. Esta tabela resumo oferece aos gestores a oportunidade de pensar sobre qual fator é mais crítico na sua situação e rapidamente determina que ação ou ações a tomar para incentivar esses fatores nos funcionários.

Tabela 15-2 Resumo do que os gestores podem fazer para incentivar funcionários a fazerem mais do que o dever

Motivadores dos funcionários	Ações Gerenciais					
	RECRUTANDO	ADMINISTRANDO			RETENDO	
	Recrutando	Treinando	Criação do cargo	Interação com a gerência	Políticas organizacionais	Filosofia/indução
Motivação interna	Recrute indivíduos com muita energia; identifique-os através de testes psicológicos ou entrevistas		Crie cargos com variedade, autonomia e *feedback*			
Iniciativa	Recrute indivíduos que iniciem ideias e projetos por si ou busquem meios para aprimorar os processos de trabalho	Identifique áreas problemáticas que possam surgir; oriente os funcionários para corrigir tais situações quando ocorrerem	Autorize os funcionários a agir quando necessário	Exemplifique o comportamento "Vá e faça" para os funcionários. Não penalize funcionários por assumir riscos		Explique os benefícios do comportamento "Vá e faça" e as desvantagens de não adotá-lo
Criação	Pergunte aos candidatos sobre sua criação e como cresceram; que crenças absorveram da família e que lições aprenderam					

(continua)

Tabela 15-2 Resumo do que os gestores podem fazer para incentivar funcionários a fazerem mais do que o dever *(continuação)*

Motivadores dos funcionários	Ações Gerenciais					
	RECRUTANDO	ADMINISTRANDO			RETENDO	
	Recrutando	Treinando	Criação do cargo	Interação com a gerência	Políticas organizacionais	Filosofia/indução
Autossatisfação	Determine na entrevista se o funcionário apresenta o traço "orgulho"	Dê exemplos aos funcionários de como seus cargos são apropriados ou desempenham papel importante na empresa	Ofereça autonomia adequada para que os funcionários resolvam seus problemas			Ajude os funcionários a perceber que seus empregos não são meios para um fim
Empatia	Selecione indivíduos com empatia por meio de testes psicológicos e entrevistas	Ofereça treinamento sobre empatia por meio de exercícios de inversão de papéis		Mostre empatia para com funcionários e outras pessoas		Explique aos funcionários as vantagens de demonstrar empatia
Preocupação	Crie situações e pergunte aos candidatos como lidariam com elas; pergunte aos candidatos como encaram a preocupação. Selecione os indivíduos que se ofereçam espontaneamente			Pratique o cuidado e a preocupação para com os outros		Incentive os funcionários a se envolver em atividades voluntárias

(continua)

Tabela 15-2 Resumo do que os gestores podem fazer para incentivar funcionários a fazerem mais do que o dever *(continuação)*

Motivadores dos funcionários	RECRUTANDO	ADMINISTRANDO	Ações Gerenciais		RETENDO	
	Recrutando	Treinando	Criação do cargo	Interação com a gerência	Políticas organizacionais	Filosofia/indução
Reciprocidade				Trate os funcionários com respeito. Converse a respeito de mal-entendidos		Deixe os funcionários saberem que você cuida deles e por que faz isto
Retenção do Cliente e Promoção de Novos Negócios		Mostre aos funcionários como estão ajustados à empresa e o impacto que causam nos lucros. Dê exemplos de comportamentos que criam satisfação ao cliente		Trate os clientes com respeito		Informe aos funcionários a importância da satisfação ao cliente
Satisfação do cliente		Demonstre aos funcionários como fazer para ganhar a satisfação do cliente ao oferecer serviços de alta qualidade	Autorize iniciativas e alto nível de serviços; dê aos funcionários os recursos necessários para realizá-las	Pergunte aos funcionários o que os deixa satisfeitos como clientes; indique que essas atitudes podem ocorrer no desempenho de suas funções	Mantenha um programa de incentivos que recompense funcionários por iniciativas que gerem satisfação ao cliente	Informe os funcionários sobre a importância de satisfazer os clientes.

(continua)

Tabela 15-2 Resumo do que os gestores podem fazer para incentivar funcionários a fazerem mais do que o dever *(continuação)*

Motivadores dos funcionários	RECRUTANDO	ADMINISTRANDO	Ações Gerenciais		RETENDO	
	Recrutando	Treinando	Criação do cargo	Interação com a gerência	Políticas organizacionais	Filosofia/indução
Inversão de papéis e cultura organizacional		Atribua aos novos funcionários seus próprios mentores com quem podem aprender o que e como fazer		Demonstre continuamente o comportamento que você quer que os funcionários tenham; evite exemplos de comportamento inadequado		Siga a filosofia de "Praticar aquilo que se prega"
Reconhecimento	Busque evidências de reconhecimento no currículo do candidato			Ofereça reconhecimento imediatamente após a atitude desejada. Elogie em público e repreenda a sós	Crie um sistema que identifique os tipos de comportamento no cargo que serão reconhecidos	
Promoção		Ofereça treinamento antes e depois de promover o funcionário		Defina claramente os critérios de promoção; use critérios objetivos e mensuráveis. Indique os comportamentos especiais que podem levar à promoção	Ofereça muitas alternativas para as promoções, mesmo para as horizontais	
Remuneração		Explique de que modo os funcionários podem aumentar seus rendimentos ao fazer mais que o necessário		Identifique os tipos de "esforços adicionais" que foram ou que podem ser recompensados. Pergunte aos funcionários o que os levou a fazer esse esforço extra	Estabeleça um sistema de remuneração que recompense o esforço extra	

Dois estudos de casos reais ilustram como os gestores podem determinar que fatores são especialmente adequados à situação e que ações podem induzir esses fatores nos funcionários. No primeiro, um fabricante de produtos químicos para agricultura perdeu para a concorrência um grande cliente, cujas vendas anuais chegavam a um milhão de dólares. O motivo principal teria sido o preço. Para a empresa, a maior preocupação era de que o cliente mantinha uma relação de longa data com eles e mudara de fornecedor por literalmente alguns centavos. As conversas com a equipe de vendas envolvida revelaram que a empresa não oferecia autonomia à sua equipe de vendas quando os pedidos excediam uma determinada margem, o que ocorreu com esta venda em potencial. Em retrospecto, tanto o gerente de vendas como o vendedor opinaram que o preço da concorrência poderia ter sido coberto rapidamente, ou seja, sem depender de consulta aos escalões superiores. Além disso, conversando com outros vendedores ficou-se sabendo que outras contas também haviam sido perdidas em circunstâncias parecidas. Obviamente, quando tanto dinheiro está em jogo, o pessoal de vendas deve se sentir impelido a aplicar a lei do "vá e faça!", e isto é crucial numa situação como esta porque poderia ter impedido a perda dessas contas. O aprendizado é claro, ou seja, instruir a equipe de vendas sobre como lidar com negociações de preços no futuro, autorizar o pessoal a agir para manter os clientes e retirar as barreiras que impedem essas ações (como, por exemplo, o medo). Ao agir assim, essa empresa pode ter certeza de que esta situação não se repetirá.

Vamos ao próximo caso, sobre um grande banco regional que está perdendo clientes para bancos comunitários menores. As entrevistas de saída com os clientes revelam que o motivo maior é a insatisfação com os serviços. Assim, o banco decidiu que seriam necessárias algumas iniciativas para melhorar os serviços aos clientes. Alguns motivadores de desempenho são especialmente relevantes nesta situação: orgulho, reter clientes e gerar novos negócios, manter a satisfação do cliente, além de inversão de papéis e cultura organizacional. Primeiro, os gestores precisam mostrar ao pessoal de contato com os clientes que sua atuação é uma ligação fundamental para a transação – em empresas de prestação de serviços, a equipe de contato com o cliente (por exemplo, caixas de bancos) é normalmente identificada com o serviço propriamente dito, ou seja, os caixas são o banco. Programas de treinamento e aconselhamento são as melhores formas de estimular o comportamento desejado por parte dos funcionários. Em segundo lugar, eles precisam compreender quais ações satisfazem os clientes e seu impacto sobre os lucros. Finalmente, é preciso oferecer aos funcionários os recursos, ferramentas e incentivos necessários para motivá-los a fazer ainda mais para satisfazer os clientes.

Nossa pesquisa oferece inúmeras e importantes lições, tanto para empregados como para gestores. É muito importante que você, leitor, reflita seriamente sobre as seguintes descobertas:

- Gestores podem aumentar as probabilidades de comportamentos além do dever, recrutando candidatos que possuam um ou mais dos atributos descritos na pesquisa.
- *Qualquer* funcionário pode aproveitar a ocasião. Todas as pessoas que entrevistamos, em algum momento de suas vidas profissionais, se excederam e fizeram mais do que deveriam quando a situação assim pediu.
- Vários fatores motivam os funcionários a adotar essas ações meritórias. Dinheiro e promoção são muito importantes, como também o são fatores não financeiros, como motivação interna e empatia.
- Todos os empregados podem buscar dentro de si os fatores para motivá-los a fazer mais do que devem. Esses fatores não serão os mesmos para cada pessoa, mas todos possuem uma força interior que os impulsiona a agir.
- Gestores podem ajudar seus funcionários a fazer mais, a se esforçar mais, através de uma cultura que incentive as pessoas a querer fazer mais do que simplesmente ir trabalhar e executar as tarefas constantes de suas descrições de cargos. Ao criar as condições certas nos quais todos os funcionários possam dar o melhor de si em suas funções, os gestores estarão permitindo que eles olhem para dentro de si e se identifiquem e atuem naquilo que os motiva a ir além do dever.

Agora, vá à luta!

Índice Remissivo

aconselhamento 74
além do dever 66, 69, 75
aproveite a vida 67
autossatisfação 23, 26, 68, 71
colegas de trabalho 23
comportamento no trabalho 37
criação 21, 22, 67
cultura organizacional 49, 51, 52, 68, 73, 74
dinheiro 66
empatia 27, 29, 30, 68
fator crítico 46
fidelidade 42, 45
filosofia 69
gerar novos negócios 74
indução 69
inversão de papéis 49, 51, 52, 68
motivação interna 7, 9, 68
orgulho 25
preocupação 31, 33, 34, 68
promoção 62, 73
reciprocidade 35, 37, 68
recompensas 66
reconhecimento 53, 55, 68
remuneração 63, 68
retenção 39, 68
satisfação do cliente 43, 45, 68
sistema de valores 51, 52